LE PACIFISME SCIENTIFIQUE

Professeur Raphaël DUBOIS

Si vis pacem, para pacem.

LETTRES

SUR LE

PACIFISME SCIENTIFIQUE

ET L'ANTICINÈSE

PAR

le Professeur Raphaël DUBOIS

« Toute la matière du droit international est aujourd'hui à reprendre. L'ancien monde ébranlé dans ses fondements, devra appuyer son effort pour reconstruire sur une armature nouvelle ».

Office de législation étrangère et de droit international, 1920.

2ᵉ ÉDITION

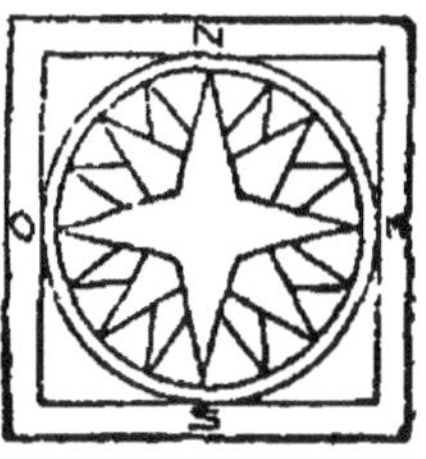

ANDRÉ DELPEUCH ÉDITEUR

51, rue de Babylone - Paris

1927

2118

Dédié au pacifiste scientifique

Albert GAILLARD

NOTE DE L'ÉDITEUR

Les lettres sur le Pacifisme Scientifique du professeur Raphaël Dubois, ont paru en partie sous forme d'articles destinés à la propagande pacifiste dans une revue hebdomadaire de province : le Passe-Partout de Toulon. Elles ont ensuite été réunies par l'auteur en un volume malheureusement tiré à un très petit nombre d'exemplaires et actuellement épuisé.

C'est sa lecture qui nous a convaincu qu'une édition nouvelle revue et mise au point des événements du jour était susceptible de rendre les plus grands services à la cause du pacifisme dans la période critique, si angoissante que nous traversons en ce moment.

L'inquiétude grandissante des esprits qui s'agitent dans le chaos et l'obscurité de ces temps troublés, nous a incité à ne pas attendre que l'ouvrage magistral annoncé par le Grand Maître de la Physiologie française soit terminé, pour aider à la diffusion de ses idées. D'ailleurs, une œuvre de cette ampleur ne saurait être à la portée de tout le monde. Ce que nous voulons, c'est faire pénétrer le plus rapidement et le plus profondément possible, dans les masses, les principes nouveaux qui doivent certainement révolutionner, dans un avenir très prochain, la méthode pacifiste actuelle. Elle manque d'homogénéité : c'est l'empirisme dans ce qu'il a de plus dangereux et c'est toujours le vieux jeu de la diplomatie et de la politique fait d'expédients où dominent la rouerie des joueurs, les marchandages des mercantis et le sentimentalisme bêlant des utopistes versicolores. Partout le subjectivisme individuel ou nationaliste tient une trop grande part. On entend d'émouvants discours sensationnels ; mais en réalité, ces joutes oratoires ne nous révèlent qu'une chose, c'est l'absence de tout critérium permettant de connaître la valeur objective de ces manifestations désordonnées de la pensée humaine.

C'est à substituer à ce subjectivisme chaotique l'objectivisme scientifique que s'est, depuis plus d'un quart de siècle, appliqué M. Raphaël Dubois.

Pour tenter une semblable révolution, nul n'était mieux qualifié que le savant biologiste dont les beaux travaux si originaux et si nom-

breux dans toutes les branches de la physiologie générale et comparée sont connus dans le monde entier. C'est à l'exposé de : L'Influence des milieux cosmiques sur les manifestations des êtres vivants qu'il a consacré ses dernières leçons dans sa chaire magistrale de la Faculté des Sciences de l'Université de Lyon (sous presse).

Au double mérite du technicien génial et du philosophe scientifique qu'est M. Raphaël Dubois, est joint celui d'avoir été un pacifiste militant et courageux de la première heure, à une époque où il y avait à cela quelque péril. Ce n'étaient pas des lauriers, des couronnes, et... le reste que l'on attribuait aux premiers pacifistes ; on les traitait volontiers de traîtres, de sans-patrie et pour le moins de fous ou d'utopistes.

Pourtant, il y a 23 ans, si l'on avait écouté les sages conseils que le Maître avait si éloquemment formulés dans son discours de la Séance solennelle d'ouverture des Facultés de l'Université de Lyon, le 3 novembre 1904, que de larmes, de sang, de misères de toutes sortes n'aurait-on pas évités !

Il réclamait, comme aujourd'hui encore, la création d'Instituts, de Laboratoires de la Paix, où l'on chercherait, par la méthode scientifique, le remède du pire des fléaux, puisqu'il traîne à sa suite tous les autres, la guerre !

« Vous voyez, disait-il dix ans avant la « guerre de 1914, par ces exemples que vous « auriez à peu de frais préparé, amassé pour vos « enfants, un précieux héritage d'incalculables « trésors. Ne comptez que sur vous et, puisque « les dieux semblent vouloir nous refuser de « nouveaux miracles, faites avancer la Science ».

Dans ces lettres qui sont comme le testament pacifiste de l'éminent physiologiste, on verra combien le sentimentalisme réel ou simulé et l'ignorance peuvent causer de malheurs quand la Passion est aux prises avec la Raison.

André DELPEUCH

AVERTISSEMENT DE L'AUTEUR

Dans mes lettres sur le *Pacifisme Scientifique*, je me suis borné à esquisser les grandes lignes d'un ouvrage plus important dont l'édition est remise à une date indéterminée par suite de la situation économique actuelle. Le Directeur de *l'Institut international de coopération intellectuelle de la Société des Nations* m'écrivait de Genève l'année dernière :

« L'Institut international qui fonctionne avec un budget exclusivement français, se trouve actuellement obligé de réduire toutes ses dépenses et nous sommes contraints d'arrêter les publications déjà commencées.

« Vous avez bien raison, d'ailleurs, de signaler les graves inconvénients que subit la France du fait de l'augmentation des frais d'impression. Il y a là un danger dont le Gouvernement français devrait se préoccuper ».

Pour ne point perdre de temps, j'ai pensé

qu'il était utile de reproduire mes *lettres*, en les complétant, dans ce nouvel opuscule. Ma détermination a été inspirée surtout par ce passage bien topique du *Rapport au Garde des Sceaux, Ministre de la Justice, sur l'organisation et les travaux de l'Office de législation étrangère et du droit international*, par M. Joseph Dubois, Directeur de l'Office (1876-1920, page 27) :

« *Toute la matière du droit international est aujourd'hui à reprendre. L'ancien monde, ébranlé dans ses fondements, devra appuyer son effort de reconstruction sur une armature nouvelle* ».

En raison des difficultés actuelles, je ne puis que solliciter l'indulgence du lecteur pour la forme imparfaite dans laquelle lui est présentée ma conception du *Pacifisme Scientifique*.

Tamaris-sur-Mer, le 14 juillet 1927.

Raphaël Dubois.

LETTRES SUR LE PACIFISME SCIENTIFIQUE

Tamaris-sur-Mer, 9 avril 1926.

I

> *Homicide point ne seras*
> *De fait ni volontairement.*

Il semble bien qu'en descendant du Sinaï avec les tables de la loi que venait de lui dicter le Seigneur, Moïse n'ait fait que prêcher dans le désert, car depuis cet événement, comme avant, les hommes n'ont cessé de s'entretuer soit individuellement, soit collectivement. Combien de millions de fidèles, ou soi-disant tels, n'ont-ils pas délibérément transgressé le cinquième commandement du Dieu des juifs et des chrétiens ! Les guerres de religion ont été particulièrement féroces et très fréquentes, sans compter les massacres de mécréants ; et l'on est toujours un mécréant pour quelqu'autre, que l'on soit mahométan, juif, catholique, protestant ou d'une secte quelconque d'une même religion. Encore ces hécatombes ont-elles fait moins de victimes que les meurtres isolés, mais répétés par le fer, le poison, la torture ou le feu des bûchers, qui, dans tous les temps et tous les pays ont déshonoré et discrédité les religions qui en avaient été la cause ou le prétexte.

Les païens romains firent périr dans les supplices les premiers chrétiens parce que non seulement ils troublaient l'ordre moral de ce temps-là, mais surtout parce qu'ils refusaient le service militaire et prêchaient la fraternité au moment même où l'Empire était menacé de toutes parts par les barbares, particulièrement du côté du Rhin. C'est la raison pour laquelle Julien l'Apostat, qui avait été élevé dans la religion chrétienne, la renia. Devenu empereur, il lui fallait bien des soldats — quoiqu'il fut un philosophe pacifiste — pour repousser les Germains qui avaient, dans l'Est, détruit quantité de villes et de villages et menaçaient d'envahir la Gaule au IVe siècle, comme hier, comme aujourd'hui encore.

Les Chevaliers de Malte, qui fondèrent la Prusse, exterminèrent impitoyablement les Borusses païens et bien qu'ils fussent soi-disant chrétiens, ces religieux militarisés traitèrent comme chiffons de papier les Tables de la Loi et,

en particulier, le cinquième commandement de
Jéhova. Malgré la religion, poussée parfois jusqu'au mysticisme, les successeurs des grands
maîtres de l'Ordre de Malte, les Hohenzollern,
ont jusqu'à ce jour conservé le culte de la guerre,
ce délire collectif de la criminalité générale,
peut-on dire, puisque tout ce qui est réputé cri-
minel en temps de paix devient légitime et même
méritoire en temps de guerre. L'histoire est
remplie de semblables aberrations qui donnent
une piètre idée de la logique humaine.

L'Humanité ne sachant plus à quel saint se
vouer — c'est bien le cas de le dire — essaye
d'établir la paix universelle par le droit. Malheureusement, le code international du droit des
peuples est tout entier à créer. Pour l'instant,
les représentants de quelques nations se réunis-
sent gravement autour d'un tapis vert, à Genève
ou à La Haye, pour délibérer sur des effets dont
ils ignorent ou feignent bien souvent d'ignorer
les causes : ils ressemblent beaucoup plus à des
joueurs qu'à des juristes ou surtout à des
hommes de science. Chacun apporte avec la
mentalité de sa race, de son pays, celle qui lui
est personnelle et se préoccupe avant tout de ce
qu'il croit être l'intérêt particulier de telle ou
telle nation, de tel ou tel organe de l'Humanité,
ainsi que ferait un médicastre imaginant d'avan-

tager, par exemple, le foie au détriment de l'estomac, comme si le monde n'était pas un organisme dont toutes les parties sont solidaires, dont la santé, c'est-à-dire la paix, ne peut être réalisée que par un équilibre parfait résultant d'une équitable justice distributive. Aussi, le diplomate ne dédaigne-t-il pas de jeter un coup d'œil furtif sur le jeu du voisin, de réunir le plus d'atouts possible et de tricher pour la bonne cause... qui est nécessairement la sienne.

Le danger considérable de ces groupements aussi disparates par la mentalité que par le langage, c'est le subjectivisme. Chaque acteur, dans cette comédie, obéit à des impulsions communiquées ou personnelles, conscientes ou inconscientes, conduisant à des résolutions dont la valeur intrinsèque ne peut être déterminée par aucun critérium ayant un caractère général, purement objectif. Or, la paix universelle ne pourra exister que lorsque l'intelligence aura dans l'ensemble la maîtrise, parce que l'intelligence est en relation avec l'universel, tandis que le sentiment n'est qu'une expression de l'individualisme.

Seule, la méthode scientifique, dont les prodigieux résultats ont étonné le monde, surtout dans ces dernières années, a un caractère impersonnel, général, universel parce qu'elle est radicalement objective et repose sur le solide trépied du déterminisme représenté par l'observation, l'expérimentation et le raisonnement. La mentalité scientifique, comme son langage, sont au premier chef internationaux. Pour elle, il ne saurait exister une arithmétique allemande ou française, une géométrie anglaise ou russe, une mécanique japonaise ou chinoise, etc. Que l'homme de science soit blanc, jaune ou noir, il ne connaît et n'admet que l'éloquence des faits démontrables et peut-être bien que pour ce motif le drapeau unique de la Science et de l'Humanité pourrait par symbolisme être aussi blanc, jaune et noir et non couleur de sang comme celui de l'Internationale.

Ajoutons toutefois que les données de la Science sont toujours révisables parce que contrairement à la Foi, qui s'appuie sur des dogmes immuables, la Science ne progresse que par le Doute. Cependant pour le savant, les mots de *hasard*, de *fatalité*, de *providence* ne sont que des synonymes honteux du mot ignorance. Le monde obéit à des lois dont beaucoup sont encore inconnues. Il faut arriver à déchiffrer ces X de la nature des choses : il faut *savoir pour prévoir*. Or, il n'y a rien de précis, d'universel à attendre de la sentimentalité même servie par le plus sublime esprit de sacrifice et de fraternel prosélytisme, comme celui que le « Sauveur » paya de sa vie et qui vient encore une fois de sombrer dans une mer de sang.

Bien souvent la guerre a été considérée comme un châtiment ordonné par les dieux courroucés par les fautes, par les crimes et l'impiété des humains. Il répugne aujourd'hui à ceux qui considèrent le Tout-Puissant comme infiniment bon, infiniment parfait, créateur de l'homme à son image, de croire que les êtres si chers qu'ils ont perdus ne sont que d'innocentes victimes expiatoires, comme celles qui servaient jadis aux sacrifices humains : ils ne veulent plus que la Divinité soit rendue responsable de toutes les horreurs de la guerre. D'ailleurs, pensent-ils avec raison, à quoi servirait le châtiment puisqu'il est avéré que la criminalité augmente toujours après les grandes guerres ? La guerre apparaît de plus en plus comme le fruit de la sottise et de l'ignorance humaines et c'est vers la Science qui a déjà dompté tant de fléaux, que doit se tourner l'espoir des hommes.

C'est la raison pour laquelle je n'ai jamais cessé de réclamer la création d'instituts, de laboratoires où l'on étudierait le pacifisme, comme autre part on étudie l'astronomie, la météorologie, la physiologie, toutes sciences qui ont d'étroits raports avec la sociologie.

Jusqu'à présent, on n'a subventionné que des écoles de guerre. En effet, on ne peut considérer comme des instituts scientifiques, les institutions diplomatiques de Genève et de la Haye, car, en écoutant les diplomates qui viennent y pérorer, on ne peut guère s'empêcher de penser à cette définition de Balzac : « Diplomatie, science de ceux qui n'en ont aucune et sont profonds comme le vide. »

Est-ce à dire pourtant qu'il faille mépriser les moyens d'action morale pacifistes dont peuvent disposer occasionnellement les philanthropes empiriques et les croyants ? En aucune façon et c'est ici surtout que l'Union sacrée est nécessaire : la recherche du bien de l'humanité n'est le monopole de personne, mais le devoir de tous. C'est pourquoi l'on doit considérer comme très importante cette résolution d'une délégation de femmes appartenant à la Ligue internationale de la Paix qui vient de se rendre à l'Exposition des jouets de New-York et a invité les exposants de soldats de bois, de plomb et de jouets représentant la force armée, à faire disparaître ces objets de leur éventaire.

C'est là, ont-elles dit, une application de l'esprit de Locarno. Il faut absolument détruire l'esprit de guerre dans l'âme de nos enfants et il ne faut même pas qu'ils aient la vision de ce que pouvait être la guerre jadis avec ces simples canons et fusils qui sont des armes archaïques auprès de celles employées par l'armée aérienne contemporaine.

Peut-être auraient-elles pu proposer aussi de répéter devant les enfants des écoles les expériences que vient de faire sur les chiens le savant américain Koontz avec les gaz asphyxiants de combat, dont l'atrocité consiste en ce qu'ils ne tuent pas toujours de suite, mais laissent aux blessés une réserve de longues heures et parfois de nombreuses années de souffrances.

Les mesures préventives d'hygiène humanitaire pour s'opposer au développement de la *bellonite* ou folie guerrière, réclamées par les femmes américaines, ne sont-elles pas comme une sorte de reviviscence du cinquième commandement du Dieu d'Israël : « Tu ne tueras pas », de ce sentiment de profonde répulsion pour l'homicide qui incitait les premiers chrétiens à refuser le service militaire au mépris des plus cruels supplices. Enfin, ne serait-ce pas par une sorte de mémoire ancestrale, ou simplement inconsciente et déformée de leur éducation religieuse que nos antimilitaristes prêchent le désarmement général, avec beaucoup moins de risques, il est vrai, que leurs précurseurs romains. Ces derniers n'avaient d'autres armes que la persuasion, le prosélytisme pacifiste et dans ces temps primitifs, pardonnaient les offenses. On n'en peut malheureusement pas dire autant de certains anarchistes, qui tout en considérant l'anarchie comme l'épanouissement sublime, l'apogée de la liberté, de l'égalité et de la fraternité, ne reculent pourtant pas devant l'homicide pour arriver à sa conquête, bien qu'ils aient le plus souvent reçu dans leur enfance une instruction religieuse; malheureusement pour eux et pour la société, ils ne retrouvent ordinairement la Foi qu'au moment de l'expiation. Le cinquième commandement n'existe pas plus, au moment du forfait, pour un Ravachol ou un Caserio que pour un Jacques Clément ou un Ravaillac. La guillotine, cette admirable machine à tuer, en usage chez la « Fille aînée de l'Eglise », ne se montre guère plus efficace comme épouvantail que par les temps de terreur rouge ou blanche, car, en ce moment, il y a plus d'homicides en France que dans plusieurs autres pays.

La question du désarmement général est à l'ordre du jour. Tout le monde est d'accord sur la nécessité et l'urgence de remplacer les armées et les flottes de guerre, maritimes et aériennes, par une gendarmerie internationale, mais personne ne veut commencer. On n'est pas enclin à jeter son revolver quand on redoute chez son voisin la criminalité ou la folie furieuse... ou bien que l'on songe à s'en débarrasser ou à le dépouiller.

Comme l'a fait bien ressortir dans une récente brochure (¹), un vieux soldat, le général Percin, avant de parler de désarmement matériel, il faudrait obtenir le *désarmement moral*. Les moyens qu'il préconise sont analogues à ceux que mettent en œuvre les femmes américaines de l'Union pacifiste internationale.

------

¹ Chez Delpeuch, librairie pacifiste, 22, rue de Babylone, Paris

Tamaris-sur Mer, 23 avril 1926.

II

Le désarmement militaire est à l'ordre du
jour. S'il est décidé, sera-t-il intégral ou partiel
et proportionnel ? Cette dernière résolution serait aussi déraisonnable que celle qui consis-
terait à réglementer la criminalité courante, à
décider, par exemple, que les assassins devront
à l'avenir renoncer au revolver et se servir
exclusivement du couteau réglementaire, dont
il ne sera délivré par quartier qu'un nombre
déterminé ; que l'usage de la dynamite est interdit ; que pour les empoisonnements celui
par la morphine est seul autorisé parce que
moins douloureux que celui par l'arsenic, etc.
On se souvient que la Cour de La Haye avait
interdit l'usage de balles explosibles en temps
de guerre. La limitation des armements serait

quelque chose d'analogue à la réglementation du duel : on pourrait s'entr'égorger légalement dans des conditions déterminées ; c'est vouloir réglementer la folie, la colère ou l'ivresse.

Qu'il soit intégral ou partiel, le désarmement militaire ne peut être efficace que s'il est précédé du désarmement moral. Si les peuples veulent continuer à se battre de leur propre mouvement, ou par suggestion consciente ou inconsciente, les instruments de destruction ne leur feront jamais défaut.

Lors de la sanglante Jacquerie, qui éclata le jour de la Fête-Dieu — amère dérision ! — le 28 mai 1358, les paysans de l'Ile-de-France révoltés à la suite des misères de l'invasion, s'armèrent de faux, de fourches, d'épieux avec lesquels ils mirent à mal beaucoup de chevaliers et d'hommes de guerre bardés de fer et armés jusqu'aux dents. L'homme atteint de la folie meurtrière, surtout collective, fait « flèche de tout bois » ; la matraque de l'orang-outang remplacerait au besoin la fourche, comme la pique des sans-culottes de la Révolution remplaça le fusil absent.

Il faut donc, avant tout, s'occuper du désarmement moral. Pour tenter de l'obtenir plusieurs moyens ont été proposés ; ils peuvent se diviser en deux catégories : 1° ceux qui dérivent de la sentimentalité; 2° ceux qui sont basés exclusivement sur le raisonnement.

En tête des premiers figurent les sentiments religieux. Il ne s'agit pas ici de discuter leur valeur respective au point de vue philosophique ou social, mais exclusivement de rechercher d'une manière objective, scientifique, par des faits indiscutés et indiscutables, quelle influence, dans le temps et dans l'espace, ils ont pu exercer sur l'évolution du pacifisme : s'ils l'ont favorisée, entravée ou bien si leur action a été variable ou nulle.

On leur a reproché leur manque d'unité, d'universalité, leur grande diversité, leurs profondes divergences suivant les diverses religions et même selon les adeptes d'un même culte, d'une même confession. On doit cependant admettre avec le Bouddha des Indous, que tous sont également respectables, quand ils sont sincères, bien entendu. On est surtout frappé, en étudiant l'histoire des religions, par le manque de fixité, par les nombreuses métamorphoses de ces sentiments, par exemple dans la religion juive et ses nombreuses filiales chrétiennes : Eglise catholique apostolique ou d'occident, avec ses schismes, Eglise protestante avec ses nombreuses sectes, Eglise d'Orient ou orthodoxe

qui avait son pape, le czar de toutes les Russies
à Saint-Pétersbourg alors que l'Eglise latine
avait le sien à Rome. Ce dernier, en 1914, fit en
faveur de la paix de paternels efforts, qui furent
manifestement contrecarrés par la politique et
frappés par elle d'impuissance, tandis que le
pape orthodoxe des slaves se mettait à la tête de
ses armées. La France républicaine, de croyan-
ces éclectiques et de politique libérale, avait con-
clu une mésalliance avec l'autocrate russe contre
l'alliance, non moins étrange au point de vue
du sentiment religieux, du très catholique Empereur d'Autriche avec le protestant et mystique
Empereur d'Allemagne et son « ami » le chef
religieux des mahométans, le Sultan de Tur-
quie. Il est donc bien certain que les sentiments
religieux peuvent n'avoir aucune influence sur
les alliances politiques, qui ne sont d'ordinaire
que de prodromes de guerres et devraient pour
cela être considérées comme dangereuses pour la
paix du monde et interdites par la Société des
Nations.

D'ailleurs, de part et d'autre, la poudre était
sèche et accumulée depuis longtemps quand la
bombe homicide de Serajévo vint y mettre le
feu et faire, par contre-coup, massacrer des millions d'hommes. La responsabilité de cet effroya-
ble cataclysme doit-elle être attribuée à la Serbie

orthodoxe ou à l'Autriche apostolique ? Il semble que dans cette ténébreuse affaire le sentiment religieux n'ait joué qu'un rôle bien secondaire, mais, comme toujours, en pareil cas, la diplomatie secrète n'a livré que des renseignements fallacieux et contradictoires. Ce qui n'est que trop certain, c'est que l'on vit, tout à coup se ruer les uns contre les autres, pêle-mêle, catholiques, protestants, orthodoxes, juifs, mahométans, bouddhistes, fétichistes, nègres, théosophes, athées, etc., et, à côté d'admirables actes de sublimes vertus, se commettre des crimes de toute nature, les plus immondes parfois. Ce fut la folie homicide *impie*, furieuse, épidémique, contagieuse au point de menacer de devenir mondiale. Les pays scandinaves protestants, la très catholique Espagne, la Suisse pluricultuelle ne furent pas contaminés et seuls restèrent neutres en Europe ; au dehors, l'Islam heureusement ne suivit pas le Chef des Croyants et le croissant mahométan brilla dans les deux camps adverses avec autant d'éclat.

On pourrait écrire des volumes sur les bizarreries contradictoires de la pensée humaine, en général, et des sentiments religieux, en particulier.

Au début de la guerre, on vit à côté des tentes de nos soldats s'élever celles des troupes anglaises dans cette même ville de Rouen où ils avaient brûlé vive notre héroïne nationale, Jeanne d'Arc, en 1431. Elle affirmait avoir entendu la voix de l'archange Saint-Michel, chef de la *milice céleste*, qui lui donnait l'ordre de prendre les armes pour combattre les Anglais et les « boutter hors du royaume de France ». De fait, elle les battit en diverses occasions mémorables et fit sacrer le dauphin roi de France dans cette merveilleuse cathédrale de Reims qui devait être si sauvagement maltraitée par les soldats du mystique et très religieux Empereur d'Allemagne.

Jeanne d'Arc fut faite prisonnière par le parti bourguignon allié des Anglais et, à leur instigation, le 26 mai 1430, le Frère Martin, vicaire général de l'Inquisition pour le royaume de France, requit le duc de Bourgogne de livrer la Pucelle soupçonnée véhémentement de plusieurs crimes sentant l'hérésie. Jean de Ligny la vendit aux Anglais pour dix mille francs d'or. Condamnée par le tribunal ecclésiastique présidé par l'évêque Cauchon, qui avait réclamé cet honneur comme un droit, elle fut au mépris du cinquième commandement des Tables de la Loi, envoyée au bûcher. La joie des Anglais fut immense, car si l'œuvre de la Pucelle eût été reconnue comme inspirée par Dieu, la leur ne pouvait être que celle du démon, ce qu'il était important d'éviter dans l'opinion du peuple.

Après la tourmente, en 1456, le procès· de Jeanne d'Arc fut revisé sur l'ordre du pape Calixte III, et la pureté de ses sentiments religieux proclamée. Elle fut béatifiée, mais seulement quatre siècles et demi plus tard, en 1909 ; et pendant que les Anglais combattaient à nos côtés le roi des Prussiens qui avaient été leurs alliés à Waterloo, il fut décidé que la République Française aurait deux fêtes nationales : une pour célébrer la gloire de la nouvelle sainte, qui avait jadis chassé les Anglais et restauré la monarchie en France et l'autre pour commémorer la prise de la Bastille, qui avait enseveli sous ses ruines l'absolutisme tyrannique de la monarchie de droit divin !

Il n'est pas hors de propos de rappeler ces faits purement historiques pour montrer combien sont précaires et parfois dangereux les jugements basés sur le sentiment subjectif, même dans le domaine religieux et que ce n'est pas de ce côté, en effet, que doit se tourner l'espoir des hommes pour cette paix d'universelle fraternité promise par le Sauveur et qu'ils attendent toujours.

Curieuse aventure : en 1914, ce fut sur le territoire de Waterloo où les Français avaient été vaincus en 1815 par les Anglais, les Prussiens et les Hollandais protestants alliés aux Belges catholiques, que se heurtèrent les avant-gardes des Anglais, devenus nos alliés, comme les Belges, et les avant-gardes ennemies de l'armée allemande.

Quarante ans après Waterloo, les Anglais protestants alliés aux Français, aux Piémontais catholiques et aux Turcs mahométans combattaient en Crimée, les Russes orthodoxes.

On pourrait à l'infini multiplier les preuves que le sentiment religieux ne s'oppose nullement aux combinaisons homicides impies. Bien plus, il en a été souvent la cause ou le prétexte. « La terre ne doit avoir qu'un seul maître, comme il n'y a qu'un seul Dieu au ciel », disait le plus cruel des conquérants, le féroce Gengis-Khan, de même que son descendant et émule Tamerlan, et ils n'ont fait que l'inonder de sang innocent. Ainsi devait penser également Attila, originaire, comme les deux autres, de l'Orient, qui s'intitulait orgueilleusement « le fléau de Dieu », et le mystique Kaiser des *uber alles* dont les guerriers représentaient le « sel de la terre » !

Le levain des guerres de religion subsiste encore, si l'on en juge par les conflits sanglants qui viennent d'éclater à Calcutta entre mahométans et bouddhistes hindous. L'orient fermente ; que l'occident se méfie.

Pour toutes ces raisons et pour beaucoup d'autres encore, il est impossible de considérer le sentiment religieux comme une base solide de la paix du monde, de la fraternité universelle.

Examinons donc les autres moyens d'ordre sentimental, c'est-à-dire subjectif, avant d'aborder ceux qui dérivent du raisonnement et de l'objectivité scientifique.

Il est avéré que la suggestion consciente ou inconsciente de quelque nature qu'elle soit, de quelque façon qu'elle nous pénètre, exerce sur nos actes une influence considérable pour le présent et aussi pour l'avenir. Les images, les spectacles obscènes favorisent le développement du vice, de la débauche, cela ne fait de doute pour personne. Les scènes muettes et silencieuses du cinéma se déroulant, comme le rêve, dans l'obscurité et représentant des actes criminels, des exploits de bandits, ont certainement joué un grand rôle dans l'accroissement de la criminalité, surtout chez les enfants et que, dans certains milieux, on préfère attribuer aux « écoles sans Dieu ».

La lecture assidue des faits divers de la criminalité courante, si copieusement bourrés de détails et offerte partout à la curiosité des désœuvrés par la grande presse et le livre, doit aussi être considérée comme un moyen de suggestion dangereux. Un jour que je défendais à mon fils, âgé de 12 ans environ, les lectures en question, il me répondit : « Pourquoi donc alors me faire apprendre l'histoire de France ? » Elle n'est hélas ! en effet, comme celle des autres pays d'ailleurs, qu'un tissu serré, feutré de pillages, de trahisons, d'assassinats, de massacres, de batailles sanglantes, apothéoses militaires entourées d'une auréole de gloire. Dans les livres illustrés, dans les musées, les théâtres, surtout au « cinéma » aujourd'hui si populaire, se déroulent, savamment embellies, les épopées sanguinaires des grandes tueries humaines : l'ancien phénakisticope, perfectionné par la photographie, est devenu un puissant agent de contamination homicide. C'est évidemment pour réagir contre ce dernier penchant que les femmes américaines de l'Union pacifiste internationale viennent de demander la suppression de tous les jouets d'enfants propres à entretenir le culte de la guerre. C'est bien aussi dans le même ordre d'idées qu'antérieurement un vieux guerrier pourtant, le général Percin, avait publié une courageuse brochure, qui ne fut pas du goût de tout le monde, intitulée : *Le désarmement moral* (1).

____

(1) *Loc. cit.,* p. 14.

« Les religions ont leurs rites sans lesquels il y aurait moins de croyants ». De même, ajoute l'auteur, l'esprit de guerre a ses rites : la rentrée triomphale des troupes victorieuses ; leur passage sous des guirlandes de fleurs et sous des arcs de triomphe ; les honneurs rendus au drapeau ; les retraites aux flambeaux ; l'inscription sur les pancartes de nos rues, des noms de grandes batailles ou de grands guerriers ; la célébration solennelle des anniversaires de victoires...

« Abolissons ces rites de l'esprit de guerre et instituons les rites de l'esprit de paix », clame le guerrier converti au pacifisme. Parmi ceux qu'il conseille, citons l'usage dans les grandes circonstances d'arborer le drapeau de l'humanité à côté du drapeau national, l'adoption d'un hymne de paix pour remplacer les paroles guerrières de notre hymne national, la suppression des anniversaires de victoires parce qu'il ne faut pas qu'un jour de joie pour une nation soit un jour de deuil pour une autre, modification des méthodes d'enseignement de l'enfance, en particulier pour l'histoire, remplacement des statues des grands hommes de guerre par celles des grands artistes, des grands savants, des bienfaiteurs de l'humanité, etc.

On n'a pas oublié qu'après la guerre de

1870-71, le célèbre peintre Courbet fit, pendant la Commune, déboulonner la colonne Vendôme qui servait de piédestal à la statue de Napoléon Ier, le plus grand tueur d'hommes de l'histoire, sacré empereur des Français par le pape Pie VII, dont il reçut l'huile sainte, le 2 décembre 1804, à la Cathédrale de Notre-Dame de Paris. *Tu ne tueras point !* Mais les Anglais n'en firent pas autant pour celle qu'ils ont dressée au milieu de la cité de Londres pour supporter l'effigie du vainqueur de Waterloo, celle de Wellington. Après la Commune, les Français firent de nouveau surgir la colonne Vendôme au centre de Paris. Affaire de sentiment !

Si les suggestions du général Percin et des femmes américaines étaient réalisées universellement, elles seraient l'effet et non la cause du désarmement moral.

Tamaris-sur-Mer, 6 mai 1926.

III

Laissant de côté le sentimentalisme subjectif, comme impuissant et même dangereux pour la paix du monde, nous allons maintenant chercher ce que peut pour elle le raisonnement scientifique.

Ce dernier consiste à passer d'une vérité évidente ou démontrée à une autre vérité en employant des intermédiaires : ces intermédiaires sont eux-mêmes des vérités évidentes ou démontrées.

Le raisonnement scolastique du moyen-âge n'était pas scientifique quand il enseignait, sur la foi de la tradition, que le soleil tourne autour de la terre immobile et centre du monde, sans quoi Josué n'eût pas pu arrêter le soleil. Il n'en était pas de même de l'enseignement de Galilée. L'illustre mathématicien, physicien, astronome italien s'était rallié au système du monde de Copernic, dont il avait vérifié l'exactitude par l'observation et par le calcul. Cette audace lui valut d'être déféré à l'Inquisition par la cour de Rome et contraint par la crainte du bûcher d'abjurer publiquement à genoux sa prétendue hérésie (1633). Pour faire ses immortelles découvertes, Galilée employait la méthode scientifique qui repose sur le déterminisme basé à la fois sur l'observation, l'expérimentation et le raisonnement, de préférence mathématique à cause de la forme plus précise qu'il fournit à l'induction et à la déduction pour la découverte de la vérité. Hâtons-nous pourtant d'ajouter que le raisonnement mathématique n'a de valeur scientifique qu'autant qu'il s'appuie sur l'observation ou l'expérience démontrables, sans quoi, partant d'un principe faux, d'un fait ou d'un phénomène mal observés, il ne peut aboutir qu'à l'erreur, malgré la rigueur la plus impeccable des calculs. Ce n'est plus alors que de la scolastique moyenâgeuse chiffrée, d'autant plus fallacieuse qu'elle a la même vertu que le latin que l'on parle aux gens qui ne le comprennent pas, pour leur faire prendre des vessies pour des lanternes... comme Sganarelle dans *Le Médecin malgré lui.* Toutefois, l'erreur peut être conventionnelle parce qu'*approximative* de la vérité, comme la notion de la ligne droite et du plan, lesquels n'existent ni l'un ni l'autre dans la nature et ont pourtant servi de base aux géométries euclidiennes. On peut en dire autant de la tapageuse théorie d'Einstein qui a pour point de départ des observations et des expériences entachées de subjectivisme variable au détriment de l'objectivisme impersonnel, et qui aboutit à ce truisme que tout est relatif et que l'absolu n'existe pas. Mais si l'on ne peut songer à atteindre l'absolu, on doit chercher à s'en rapprocher le plus possible et c'est là le but supérieur de la Science.

Toutes les merveilleuses découvertes qui frappent le monde d'étonnement et d'admiration sont dues à l'emploi de la méthode scientifique du déterminisme, ce qui n'empêche pas les déterministes d'avoir de nos jours encore d'irréductibles adversaires, sectaires et fanatiques. Le déterminisme n'en mourra pas : il est aussi vieux que la Science elle-même sans quoi elle n'aurait pas pu progresser, ni même exister.

C'est lui qui avait conduit Pythagore, lequel vivait il y a environ 2.500 ans, à enseigner que le corps humain est dans une dépendance intime de l'ordre général et que les actions de la vie, ainsi que *tous les phénomènes de la nature sont réglés par les quantités et les qualités des nombres*. Mais si cette antique vérité n'est contestée par aucun scientifique digne de ce nom, on constate avec tristesse que l'immense majorité des humains n'y est pas préparée. L'homme est poussé par son immense orgueil à se considérer comme absolument libre de ses actes, de ses jugements : il veut être le libre arbitre, au besoin responsable, de sa destinée. Cette conviction l'entraîne nécessairement à penser qu'il en est de même pour les peuples et pour leurs gouvernants ; aussi se montre-t-il sans indulgence, sans pitié parfois, pour ceux qu'il considère comme des facteurs complètement responsables, d'où des inimitiés, des haines aboutissant à des coalitions, à des alliances, sinistres présages ordinaires des guerres et des révolutions. Le commun des mortels pense que les agitations sociales nationales ou internationales, sont exclusivement du ressort de la politique ou de la diplomatie, qu'elles n'ont rien à voir avec les sciences exactes. Dans la pratique, c'est bien, en effet, ce qui arrive, mais il arrive aussi que les résultats de la méthode empirique sont souvent déplorables quand ils ne sont pas désastreux : qui pourrait le nier en ce moment surtout ? On a tort, en vérité, de rendre responsables de nos malheurs le parlement et le gouvernement, qui sont l'image fidèle de l'état d'esprit de la nation elle-même ; c'est à l'ignorance qu'il faut s'en prendre et surtout au défaut de culture et de logique scientifiques plus développées dans certains pays que chez nous, où l'on est encore si fortement imprégné de mysticisme conscient ou inconscient.

Ainsi que je l'ai déjà dit dans *L'Hygiène des Nations*, et que je ne saurais trop le répéter, la physiologie enseigne que tous les êtres vivants sont dans un rapport étroit avec les conditions du milieu ambiant ou milieu vital qui n'a d'autres limites que celles de l'Univers. La lumière d'une étoile qui scintille au firmament à des millions de lieues de notre œil provoque, en y tombant, une série de phénomènes physiologiques très compliqués, depuis la mise en branle de tout le mécanisme rétinien jusqu'aux jeux les plus compliqués de nos organes d'idéation, suivant que cet œil est relié au cerveau d'un astrologue en quête d'horoscope, d'un astronome calculateur, d'un navigateur cherchant sa route ou d'un poète hypnotisé dans un rêve extatique.

Les grandes influences cosmiques ont sur notre comportement une action tellement enveloppante, nous y sommes si étroitement liés qu'il en est auxquels nous ne pensons jamais, par exemple la vitesse de rotation de la terre qui fait parcourir à un habitant de l'équateur environ cinq cents mètres par seconde, ou de son mouvement de translation autour du soleil qui est encore beaucoup plus rapide. Pourtant notre sommeil quotidien, qui occupe le tiers de notre vie, si différent de l'état de veille, est bien le résultat des alternances du jour et de la nuit dues au mouvement rotatif du globe. La périodicité des saisons n'est-elle pas elle-même aussi l'un des facteurs les plus importants de la vie de l'individu et des collectivités humaines, animales et végétales, dont les conditions d'existence sont si étroitement liées ? Cette périodicité est réglée par des lois que nous avons le plus grand intérêt à connaître parce que leur violation comporte des sanctions parfois terribles, tandis que leur connaissance et leur observance permettront de plus en plus de les éviter par la prévision des événements à venir. De nombreux enfants viennent d'être noyés faute d'avoir été prévenus à temps du retour de la marée montante, qui est elle-même le résultat d'une influence lunaire périodique : prévoir fait pouvoir. Il n'y a aucune raison pour qu'on ne puisse pas, dans un avenir plus ou moins lointain, prévoir une famine, avec toutes ses conséquences : révolution, guerre, crise financière, aussi bien qu'une éclipse de lune ou de soleil ou le retour d'une comète disparue depuis bien des années. Pour le moment, la météorologie s'applique surtout à la recherche des lois qui ont trait à la *prévision du temps*, mais pour amener cette science au même degré d'exactitude que l'astronomie, qui est, en somme, sa mère, il lui faudra, comme il a fallu à cette dernière, des siècles d'observations patientes et méthodiques et beaucoup de savants calculs.

Cependant, il y a quelques années déjà, la presse américaine commentait que le Weather-Bureau avait sauvé d'un désastre, sans cela certain, 12.500.000 dollars de récoltes. En 1910, toutes ses prévisions de gelées avaient été exactes et annoncées trente-six heures à l'avance. La Californie avait pu ainsi sauver pour deux cents millions de fruits et, au cours de ces dernières années, les riverains du Mississipi pour soixante-quinze millions de bétail et de denrées par un avertissement fourni huit jours d'avance.

Ce n'est certainement pas par des songes que Joseph a pu prédire à Putiphar les périodes d'abondance et de disette de l'Egypte qui s'expliqueraient plus facilement par la connaissance des crues périodiques du Nil et les prédictions

comminatoires des dix plaies ou fléaux d'Egypte
semblent aussi tirées de connaissances scientifiques déjà très approfondies dans la haute anti-
quité, mais confinées hermétiquement dans les
castes sacerdotales.

D'autre part, la météorologie permet de mettre
en lumière les relations existant entre les fluc-
tuations périodiques cosmiques du milieu vital et
une foule de manifestations sociales : épidémies,
criminalité, duels, suicides, variations économiques, etc. Cela n'a rien de surprenant puisque les
orages et même les influences cosmiques qui les
précèdent ont une action parfois très accentuée
sur la mentalité et sur les actes des gens nerveux. Dans les asiles d'aliénés, par exemple, les
malades s'agitent et poussent parfois des clameurs qui s'entendent de fort loin. Dans les
écoles, certains enfants sont très agités et les
pensums pleuvent comme grêle. Un ancien
maître de l'enseignement primaire, m'a dit
avoir remarqué que non seulement les variations météorologiques avaient une influence
très nette sur la tenue de sa classe, mais qu'il
pouvait encore prévoir par la nature des manifestations, apathie, nonchalance, abattement,
faute d'attention ou bien, au contraire, loqua-
cité, agitation, quelle était la nature du change-
ment de temps qui allait se produire : certains

malades et certains animaux sont aussi d'excellents baromètres vivants.

Il serait bien intéressant de rechercher si dans nos assemblées parlementaires où, à un moment donné, peut être décidée la paix ou la guerre, il en est de même et si l'agitation de la sonnette du président ne coïnciderait pas éventuellement avec les oscillations d'appareils enregistreurs météorologiques installés près du bureau ! Il y a encore bien des influences extérieures qui nous sont inconnues : ne vient-on pas de découvrir l'émission tellurique de radiations infiniment plus pénétrantes que celles du radium ?

En ce qui concerne les guerres, leur périodicité a été bien établie par de nombreux travaux, ainsi que leur coïncidence avec des perturbations cosmiques telles, par exemple, que celle des grands courants magnétiques du globe, les aurores boréales et les taches solaires. On vient de découvrir que celles-ci ont aussi une influence sur les tempêtes marines dont elles permettront sans doute un jour de prévoir l'explosion ; ainsi serait très heureusement complétée l'œuvre si importante de la carte des tempêtes, qui, en faisant connaître le sens de leur route, permet de s'en écarter et d'éviter de terribles naufrages : elle a déjà sauvé un nombre considérable d'existences et de grandes richesses.

Tamaris-sur-Mer, 14 mai 1926.

IV

Peut-on dresser une carte des tempêtes humaines comme on a fait pour celles de la mer ? Ce serait au plus haut point désirable, car on aurait ainsi le moyen le plus sûr de sauver un nombre infiniment plus grand de victimes et de richesses précieuses, à la condition, bien entendu, de savoir et surtout de vouloir s'en servir.

Par ses observations personnelles, l'astronome Flammarion a montré que la grande guerre a été précédée par des perturbations astronomiques et météorologiques multiples et il a rappelé que pour d'autres guerres les mêmes remarques avaient été faites par les anciens qui considéraient ces phénomènes comme des avertissements comminatoires de la colère divine. En réalité, il s'agit de phénomènes naturels, mais dont la loi de périodicité n'a été encore qu'entrevue.

Lorsque par des observations méthodiques poursuivies pendant un temps suffisant, elle sera mieux connue, on pourra prévoir l'approche des tempêtes humaines ou plutôt des causes qui les provoquent et prendre des mesures en conséquence, comme lorsqu'il s'agit de sauver des récoltes menacées par des crues périodiques, d'où résultent des inondations. Les événements sanglants qui désolèrent l'Europe pendant un quart de siècle après la famine de 1789, provocatrice de la Révolution française, auraient peut-être pu être évités si l'on avait été prévenu à temps et si l'on avait compris les conséquences possibles de l'hiver dévastateur des récoltes en 1788.

Plus d'une fois, les Arabes d'Algérie ont pris les armes parce que les moissons avaient été dévorées par les sauterelles dont l'invasion périodique s'était accrue d'une manière inattendue sous des influences cosmiques comme les maxima des taches solaires également périodiques, mais dont on ne connaissait pas la loi de variation. On sait aujourd'hui qu'elles sont en rapport avec les variations telluriques magnéto-électriques. Or, dès 1863, le capitaine belge Brück soutenait que les faits historiques présentent des cycles quadriennaux, décennaux, trentenaires, séculaires, quinquaséculaires et millénaires, tous en rapport avec ces mêmes variations magnéto-électriques. S'appuyant sur un nombre de faits considérable, le commandant belge E. Millard a précisé et développé les idées de son compatriote et établi la possibilité d'un déterminisme scientifique de l'évolution des guerres. En France, le colonel Delauney a montré, de son côté, que nos poussées coloniales et nos grandes guerres ont un caractère absolument périodique et en rapport avec les taches du soleil. En outre, des recherches intéressantes au point de vue du déterminisme scientifique de la genèse des guerres sont dues à l'abbé Moreux, directeur de l'observatoire de Bourges, particulièrement en ce qui concerne les rapports existants entre les variations des taches solaires, des courants magnéto-électriques du globe, des aurores boréales et des alternances de la paix et de la guerre.

Des observations de même ordre ont été faites pour d'autres fléaux, comme le choléra et la peste, les famines, les crises économiques et financières, etc. Il y a lieu d'espérer qu'on en pourra même situer les lieux d'origine et les foyers de plus intense développement. N'est-il pas curieux de constater que Brück ait pu écrire il y a soixante-trois ans : « Les races humaines, les sous-races et les moindres subdivisions naturelles des populations sont assises dans des régions limitées par des lignes géologico-magnétiques et ces lignes bien définies et scientifiques aussi bien qu'historiques, ne ressemblent guère à celles créées par la fantaisie et l'intérêt national. » Brück appelle « *champ de sang* » la limite septentrionale et occidentale magnétique, le « plateau seuil » qui sépare les Celtes des Teutons et indique à peu près celles dans lesquelles ont évolué les principaux événements militaires de la grande guerre. Avant 1914, il y avait eu déjà vingt siècles de flux et de reflux sanglants sur cette grève magnétique meurtrière, balancements périodiques et fatals des marées dévastatrices de l'océan humain.

Outre ces marées périodiques comme celles que la lune imprime à l'océan, il y a lieu de considérer d'autres mouvements des masses humaines à la surface du globe. Ce sont leurs migrations qui pas plus que tous leurs autres agissements ne sont livrés au hasard.

Les grandes migrations, les migrations définitives se sont faites dans un sens déterminé, qui est de l'est à l'ouest, du couchant vers l'occident, en sens inverse du mouvement de rotation de la terre, dans le même sens que les grands courants magnéto-électriques qui font que nous vivons, en réalité, à la surface d'un vaste électro-aimant.

Ces mouvements migrateurs sont difficiles à déterminer exactement dans les âges préhistoriques par suite des bouleversements qui ont changé la configuration des terres et des mers, la nature des climats, etc., sous l'influence probable vers la période glaciaire de l'inclinaison de l'axe de la terre sur le plan de l'écliptique due au choc d'un astre puissant ou à son passage très près de la terre. Depuis les sensationnelles et récentes découvertes de la mission américaine du professeur Osborn en Mongolie, on sait pourtant que la partie de cette région occupée aujourd'hui par le désert aride de Gobi, était, il y a vingt mille ans, peuplée par des hommes qui vivaient dans un véritable Eden extrêmement fertile, très riche en plantes et en animaux de toutes espèces. J'ai montré (1) que ces hommes émigrèrent plus tard pour aller sur les bords de la mer Caspienne former les peuples ouralo-altaïques, d'où sont sortis les Lapons, les Finois et les Esquimaux qui, plus tard, envoyèrent des rameaux vers le nord-

____

(1) Raphaël Dubois : *Les migrations humaines d'après la préhistoire et la Théorie de l'anticinèse giratoire*, 1925.

ouest de l'Europe pour peupler la Laponie et la Finlande, tandis que d'autres Mongoloïdes dont on a retrouvé les squelettes à Chancelade, dans la Gironde, se dirigeaient directement à l'ouest vers l'Atlantique. Du nord-ouest de l'Europe en passant par l'Islande, les Esquimaux d'en haut, atteignirent le Groënland américain, puis par le Canada et le Labrador, se répandirent en Amérique et devinrent les Indiens dits « peaux-rouges » et autres qui possèdent encore tous les caractères mongoloïdes. Une autre partie arriva au détroit de Béring par l'Alaska, qui, il y a dix mille ans, unissait par la terre ferme l'Asie à l'Amérique, revenant ainsi à son point d'origine après avoir fait le tour du monde. Ne trouvant plus devant elle à la place de l'Eden de Mongolie que le désert aride de Gobi, elle descendit par le Kamtschaska pour se répandre dans le Japon, la Chine, l'Indochine, où le type mongoloïde mêlé à d'autres se retrouve partout. Quant aux Mongols de Gascogne, il est probable qu'ils progressèrent directement vers l'ouest en suivant le 45° de latitude, méridien de la Gascogne et du bas Canada, pour gagner l'Amérique, soit par l'Atlantide, immense continent qui reliait encore à la fin de la protohistoire l'Europe et l'Amérique, dont il ne reste plus que les îles

Canaries où le type mongoloïde des Guanches s'est conservé, soit par l'Océan Atlantique qui avait englouti ce continent. C'est cette théorie qui m'a paru concilier le mieux les multiples hypothèses et les documents extrêmement nombreux que j'ai dû consulter au sujet de ma théorie de l'anticinèse, d'après laquelle les grandes migrations des plantes, des animaux et des hommes se seraient effectuées en sens inverse du mouvement de rotation du globe et que j'ai le premier signalée, il y a fort longtemps déjà, dans le *Bulletin de la Société philotechnique du Maine*, en 1881.

Toutefois, il ne faut pas oublier, comme je l'ai déclaré dans ma dernière communication à l'Académie du Var sur *les migrations humaines, d'après la préhistoire et la théorie de l'anticinèse giratoire*, que la direction des êtres vivants pendant la préhistoire est particulièrement difficile à établir avec exactitude à cause des bouleversements qui ont fait surgir des continents là où il y avait la mer et inversement, ce qui fait qu'une bonne partie de la feuille de route paléontologique de nombreux groupes humains se trouve actuellement au fond des océans. Il reste acquis toutefois que la dernière mission américaine en Mongolie a permis d'établir définitivement la grande théorie

des migrations d'est en ouest. (Voir l'*Illustration*
du 30 janvier 1926).

Les documents fournis par la protohistoire
sont plus insuffisants encore que ceux de la préhistoire car, s'ils indiquent des relations ethno-
logiques, archéologiques, commerciales entre
des peuples souvent fort éloignés les uns des
autres, ils ne nous apprennent absolument rien
de précis sur le sens des migrations. En outre,
la tradition, transmise par de si nombreux tra-
ducteurs — *traduttore traditore* — nous révèle
les notions les plus fantaisistes et les plus contradictoires, telle la tradition biblique hé-
braïque. Après un déluge *universel*, qui n'a jamais existé, les fils de Noé : Sem, Cham et Ja-
phet sortirent de l'arche échouée sur le mont
Ararat en Arménie, pour aller peupler le
monde dans toutes les directions, d'hommes
blancs, jaunes et noirs, ce qui laisserait à
supposer que la descendance de Noé était trico-
lore, comme devrait être lui même le drapeau
international et non couleur de sang, bien
qu'il y eût aussi suivant les anthropologistes,
une race d'hommes rouges en plus des trois
autres. La mythologie grecque nous donne une
idée encore plus exacte des fantaisies de la protohistoire. La terre fut universellement inondée
et tous les humains noyés à l'exception d'un

seul *couple*. Deucalion, ancien roi de Phtie, en Thessalie, fils de Prométhée et sa femme Pyrrha, se réfugièrent sur une barque qui s'arrêta sur le mont Parnasse. Seuls sauvés du Déluge, ils repeuplèrent le monde en jetant des pierres derrière eux. Chaque pierre lancée par Deucalion devint un homme et de chaque caillou lancé par Pirrha naquit une femme... La tradition ne dit pas quelle était la nature de ces cailloux, cela est très fâcheux parce que cette connaissance eût peut-être permis de résoudre à la fois le problème de la procréation des sexes à volonté et de la repopulation de la France en se livrant à son jeu favori, qui consiste à jeter des pierres dans le... jardin de son voisin. D'audacieux érudits remontant bien au delà du Déluge, se sont même proposé de nous renseigner sur les voyages de Caïn et de ses enfants, mais, de leur propre aveu, ils n'ont semé dans le champ de l'inconnu que des points d'interrogation, qui sont restés stériles.

La vérité est que si la préhistoire nous apprend peu de chose, la protohistoire, l'archéologie et la tradition ne nous fournissent aucun renseignement sérieux sur le sens des migrations des peuples. Pour raisonner scientifiquement en ce qui concerne la création de la *cartes des tempêtes humaines*, il faut s'adresser à l'histoire proprement dite, qui seule pourra nous fournir des faits indiscutés et indiscutables, puis ensuite à l'observation et à l'expérimentation.

Tamaris-sur-mer, 6 juin 1926.

V

Pour l'établissement de la carte des tempêtes humaines qui aboutissent à des guerres, à des révolutions sanglantes ou à des crises économiques, il ne suffit pas de déterminer la loi de leur périodicité, ni celle des phénomènes cosmiques qui les précèdent, les accompagnent ou les suivent. Les ouragans guerriers particulièrement, s'accompagnent de déplacements d'hommes, parfois de peuples entiers, dont la direction n'est pas quelconque, ni livrée aux caprices du sort ou des « meneurs » de foules.

D'ailleurs, il n'est pas difficile, pour ceux dont l'esprit n'est pas obnubilé par des idées préconçues, de comprendre que ces prétendus meneurs sont, en réalité, menés, poussés par les foules, car ils ne sont que l'expression du sentiment collectif de la masse existant à un moment psychologique donné, en dehors duquel leurs faits et gestes ne seraient susceptibles d'aucun succès, d'aucun retentissement ; ils sont le Verbe, mais ce verbe serait inopérant s'il ne formulait pas ce que pense la masse et qu'elle ne sait exprimer autrement que par celui avec lequel elle est en état de « résonnance ».

En réalité, c'est la masse, propulsée elle-même par des influences énergétiques, internes et externes, ancestrales ou concommittantes qui commande. « Je suis leur chef, donc je les suis », disait Ledru-Rollin, le père du suffrage universel. Cela n'implique en aucune façon l'idée de fatalisme, car le navire qui connaît la direction de la tourmente peut, grâce à la carte des tempêtes, fuir le danger et, grâce à elle encore, lui échapper.

J'ai montré plus haut comment la préhistoire par des documents matériels objectifs, nous a fourni certaines indications précieuses établissant l'existence dans les premiers âges de l'Humanité de mouvements de migration s'effectuant de l'Orient vers l'Occident, et concernant non seulement les hommes mais encore les animaux et les végétaux, leurs contemporains.

Malheureusement, on n'en peut pas dire autant de la protohistoire s'appuyant sur l'archéologie, l'ethnographie et la linguistique, qui nous révèle bien l'existence de nombreuses relations entre les peuples, mais sans nous permettre de comprendre le sens, la direction des déplacements des hommes ; les légendes et les traditions n'ont aucune valeur objective.

D'ailleurs, même pendant la période historique véritable, il faut de l'aveu même des historiens, se méfier de certains documents apocryphes qui ont fait dire à quelques-uns que l'histoire n'est pas une science.

En raison du peu de sécurité que l'on éprouve en cherchant à appuyer un raisonnement solide sur des faits d'ordre secondaire, il est préférable de laisser complètement de côté ces derniers et de s'en tenir aux grands déplacements relativement récents, dont personne ne conteste l'existence et dont on connaît bien la direction.

Au nombre de ces derniers se trouvent les migrations des barbares venues de l'Asie, qui ont successivement envahi l'Europe et s'y sont fixées d'une manière définitive au moment et surtout après la dislocation de l'Empire romain, dont la durée fut comparativement éphémère.

Dans ma conférence publique, faite le 10 octobre 1910, au Grand-Théâtre de Toulon, sous les auspices de l'Académie du Var, et sous la présidence d'honneur du vice-amiral Lacaze, préfet maritime, j'ai présenté des cartes que M. l'ingénieur général Maugas et M. l'ingénieur en chef de la marine Bertrand avaient bien voulu faire dresser d'après des documents que j'avais empruntés au savant anthropologiste A. C. Haddon (fig. 1). Elles montraient nettement ce fait indiscutable que la direction des migrations des peuples a été de l'Asie vers l'Europe, en sens inverse du mouvement de rotation de la terre sur elle-même. On peut citer parmi les principales, celles des Celtes, des Vandales, des Francs, des Huns, des Burgondes, des Avares, des Slaves, des Bulgares, des Hongrois avec les Maggiards, des Saxons, des Finnois, etc. Tous ces peuples sont d'origine asiatique. En cela l'histoire proprement dite se trouve d'accord avec la préhistoire qui nous révèle, l'existence de squelettes à type mongoloïde jusqu'en Gascogne, non loin des rivages actuels de l'Océan Atlantique.

Bien que moins exactement connues, les migrations anciennes dans les autres continents : Asie, Afrique, Amérique, semblent, dans beaucoup de cas, orientée de même ; mais incontestablement, leur importance a été très inférieure à celle de l'émigration des Européens vers l'Amérique et infiniment moins considérable que celle des asiatiques vers l'Europe.

Sans doute, les courants ethniques ont subi

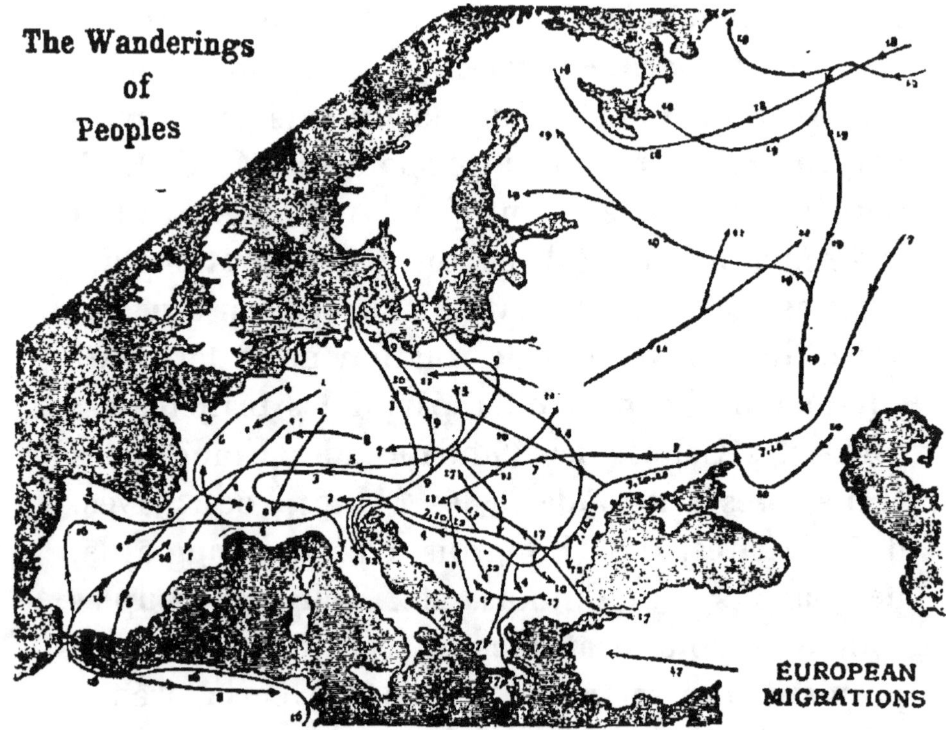

Fig. 1. Trajet suivi par les Celtes (1), les Volsques (2), les Cimbres (3), les Goths (4), les Vandales (5), les Francs (6), les Huns (7), les Burgondes (8), les Lombards (9), les Avares (10), les Slaves (11), les Bulgares (12), les Hongrois avec les Magyars (13), les Saxons (14), les Scandinaves (15), les Arabes (16), les Turcs (17), les Samoyèdes (18), les Finnois (19). Tous ces peuples sont d'origine asiatique.

de nombreuses déviations : ils ont souvent obéi à la loi du moindre effort, parce qu'ils trouvaient une résistance invincible de la part des

premiers occupants, d'où des luttes sanglantes
et des désastres effroyables. D'autrefois, les envahisseurs se sont heurtés à des obstacles phy-
siques infranchissables pour eux. C'est ainsi que
les Francs et les Visigoths, ne pouvant franchir
la mer, descendirent vers le sud, tandis que les
Celtes, les Anglo-Saxons, les Scandinaves, parmi
lesquels les Normands, envahissaient les îles
de la Grande-Bretagne en se dirigeant de l'Est
vers l'Ouest. D'autres durent rebrousser chemin, comme les Huns qui venus directement
du voisinage de la mer Caspienne jusqu'au
cœur de la France, rétrogradèrent jusqu'aux
bords du Danube pour s'y fixer, grâce à la réaction des armées réunies des Visigoths d'Espagne, des Francs et des Latins, comme aussi
les Mongols qui avant la terrible bataille de
Valstadt, en 1241, avaient étendu leur empire
depuis la Chine jusqu'aux frontières de l'Allemagne et de la Pologne et qui durent retourner
vers l'Asie. De même dans la dernière guerre,
les armées de l'arrière-banc des Germains recu-
lèrent devant les forces alliées des Français, des
Anglais, des Américains, des Italiens, des Portugais, des Africains et même des Asiatiques de
l'Indo-Chine, non sans avoir exercé une formidable poussée de l'Est à l'Ouest et au Sud-
Ouest.

Jadis, les Mongols ont bien envahi la Chine et s'y sont maintenus pendant un siècle, mais il semble que ce n'ait été qu'un lieu de passage pour se diriger vers l'Occident, les autres routes étant fermées par des régions désertiques et des massifs montagneux. Quant à la fameuse muraille de Chine, elle n'a pas été construite pour arrêter des migrations humaines, mais simplement pour empêcher les immigrations très fréquentes des hordes de pillards qui retournaient vers leurs montagnes après leurs incursions.

Plus exceptionnellement, certains envahisseurs furent anéantis sans retour comme les Cimbres et les Teutons de Teutobochus par les soldats de Marius, en Provence.

On ne peut étudier ici toutes les anomalies, les irrégularités de ces trajectoires migratrices : ce qu'il importe de retenir c'est que *dans leurs grandes lignes*, elles sont principalement orientées de l'Orient vers l'Occident, de l'Est vers l'Ouest.

Il est une autre remarque qu'elles nous suggèrent, à savoir leur persistance à se maintenir dans les pays où elles ont abouti. On n'en saurait dire autant, en général, des invasions qui ont suivi des directions plus ou moins contraires à celles des grands courants humains. Beaucoup même n'ont eu qu'une durée relativement éphé-

Fig. II. — Trajet des Croisades (1096-1270).

mère, par exemple celles des Maures Arabes en Espagne et en France, des Carthaginois, des Romains dans les Gaules et en Angleterre, des Espagnols dans les Flandres, des Anglais en France. Mais l'exemple le plus frappant est celui des huit croisades vers l'Asie Mineure entreprises par la fine fleur des chevaleries latines et germaines, qui allèrent toutes piteusement échouer d'Occident en Orient. Bonaparte n'avait-il pas rêvé de ressusciter l'empire d'Alexandre de l'Hellespont à l'Himalaya ? On a invoqué contre ma théorie de l'anticinèse l'influence exercée par les Séleucides, mais ils ne régnèrent en Syrie que pendant deux cent cinquante ans et l'on ne peut pas dire que les Macédoniens aient vraiment envahi l'Asie Mineure, dont les Grecs d'ailleurs viennent d'être chassés par les Turcs ! On ne doit pas perdre de vue les ruineux efforts faits par les Français, après les échecs des Croisades, pour maintenir leur influence dans cette contrée, où ils ont laissé sans profit beaucoup de leurs ossements et de leur argent. Enfin, n'avons-nous pas assisté par la défaite de l'Allemagne à l'effondrement lamentable du colossal projet teutonique moderne des « huit B » : Berlin, Budapest, Belgrade, Bysance, Bagdad, Bassora, Barhein, Bombay ? La poussée finale s'est faite en sens inverse, de l'Est à l'Ouest par les troupes anglaises arrivées de l'Empire des Indes principalement et ce sont les Anglais qui sont en Mésopotamie et non les Allemands : ils ont « bouclé la boucle ».

On peut — soit dit en passant — se demander si ce ne fut pas une faute *politique* que d'empêcher les Allemands d'aller coloniser la basse Asie, car l'Orient a toujours été le tombeau des envahisseurs venus d'Occident, nous en avons des preuves, hélas ! récentes.

Tamaris-sur-Mer, 11 juin 1926.

VI

Les grands courants de migration des peuples barbares vers l'Occident ont été souvent gênés par la mer et cet obstacle a provoqué des déviations vers le sud dans les temps anciens. On peut en dire autant à propos de la dernière invasion allemande. Les Germains de l'arrière banc visaient principalement l'Angleterre pour s'emparer de son hégémonie des mers. Mais avant de rencontrer la mer et la flotte britannique, ils se sont heurtés à la digue des Pays-Bas, c'est-à-dire à la Belgique, considérée par eux comme une « forteresse anglaise ». Cette digue composée de la Belgique, de la Hollande et autrefois du Hanovre, avait été créée par la Grande Elisabeth d'Angleterre et soigneusement entretenue et consolidée dans tous les temps par ses successeurs pour arrêter la marche envahissante de l'arrière banc germain et son passage au travers de la « Mer Germaine », qui prit plus tard le nom de Mer du Nord. Les Prussiens avaient déjà fait un pas dans cette direction par la conquête du Hanovre, en 1866, et, plus tard, l'île d'Héligoland, point stratégique avancé vers l'ouest, d'anglaise devint allemande. Enfin, la flotte de guerre allemande était déjà très puissante et sa flotte marchande concurrençait sérieusement celle de l'Angleterre.

Pendant ma mission scientifique en Allemagne, en 1886, j'ai pu constater que l'animosité de cette dernière pour l'Angleterre était considérable et qu'il existait un très vif désir d'alliance avec la France. Il aurait pu aboutir dans le cas où l'Alsace-Lorraine aurait été rétrocédée à la France ou seulement neutralisée et pourvue d'une autonomie complète, comme celle de la Suisse. Le plus court chemin pour atteindre la rivale britannique et réduire les Anglais, leurs *cousins germains*, parut aux Allemands être la Belgique. Les Anglais attendirent qu'elle fut attaquée pour se joindre aux Français. Peut-être que si la digue protectrice n'avait pas été entamée, l' « entente cordiale » eût été purement platonique comme le fut, en 1870, l'amitié de nos anciens alliés de la Crimée, de la Chine et du Mexique.

Les Anglo-Saxons d'Angleterre et ceux des Etats-Unis se sentant directement menacés par la nouvelle poussée d'est en ouest, se retournèrent pour lui faire face. N'avaient-ils pas eux aussi progressé d'est en ouest lors de la conquête de la Grande-Bretagne Celtique et de l'Amérique du Nord ?

Il semble bien que la crainte instinctive de la force anticinétique, c'est-à-dire de la poussée vers l'ouest, ait de tous temps hanté les esprits d'outre-Manche à en juger seulement par le refus obstiné de l'Angleterre de percer un tunnel sous-marin destiné à la relier avec la France. Mais on en trouve dans l'histoire bien d'autres preuves indéniables, ne fussent que les coalitions incessantes fomentées par l'or et l'intrigue de « la perfide Albion » dans toute l'Europe contre la France avant, pendant, après la Révolution, sous le Premier Empire principalement. Malheureusement, comme aux temps des barbares, la voie anticinétique était fermée par la mer ; elle pouvait être ouverte sans les fautes de l'amiral Pierre de Villeneuve, qui finalement perdit la bataille navale de Trafalgar et ruina ainsi la seule entreprise de l'Empereur des Français qui fut vraiment géniale parce qu'orientée dans le sens anticinétique, de la descente en Angleterre préparée dans le camp de Boulogne, en 1805. C'est notre alliée d'hier qui a le plus favorisé les deux invasions de la France sous le Premier Empire, et même par sa neutralité, celle du Second Empire, lequel l'avait pourtant aidée dans tant de circonstances et qu'elle abandonna au moment critique de 1870 à son malheureux sort. Enfin, on ne saurait trop insister sur ce point que dans la dernière guerre, c'est principalement l'Angleterre qui était visée. Combien de fois n'a-t-on pas lu dans les journaux cette phrase topique : « Quelle est donc cette *force aveugle*, qui pousse l'Allemagne à combler l'Yser de ses innombrables cadavres ? » Cette force la poussait invinciblement vers l'ouest. Serait-ce, elle aussi, qui a poussé Napoléon Ier et Napoléon III, désarmés, vers l'Angleterre et le Kaiser allemand vaincu vers la Hollande ? Tous les trois ont fini par où ils devaient commencer.

Ce qu'on ne saurait nier c'est que dix siècles après la formidable poussée des asiatiques vers l'Europe, une non moins formidable poussée s'établit de l'Europe vers l'Amérique à partir du xve siècle, et, chose bien évidente, ce n'est pas la prétendue découverte de l'Amérique, en 1492, par Christophe Colomb qui en fut la véritable

cause, car dans un mémoire publié en 1925
dans le *Bulletin de l'Académie du Var* par le
Dr Jules Regnault, il est établi par de nombreuses preuves historiques et autres, que l'Amérique avait été depuis longtemps déjà visitée par
des Européens, particulièrement par des Scandinaves et par des Normands, qui furent certainement les ancêtres de ces Indiens blancs dont on
a découvert des tribus dans l'Amérique centrale.
Les premiers explorateurs en connaissaient les
richesses, ils savaient qu'il y poussait de la vigne
et du blé. Mais ce ne fut qu'au xve siècle que
l'on vit réellement les peuples d'Europe commencer à émigrer vers le Nouveau Monde et
s'échelonner sur le Nouveau Continent dans un
ordre aussi admirable que celui d'un rayon de
soleil décomposé et étalé par le prisme sur un
écran : Scandinaves, dans l'extrême-nord ; Anglais et Français, plus bas, au Canada et aux
Etats-Unis ; plus bas encore, dans les Antilles et
à la Louisiane, d'autres Français ; puis, plus au
sud, des Espagnols, des Portugais principalement.

N'est-il pas curieux de constater que vers la
même époque, en 1453, les Turcs conduits par
Mahomet II, chassant de l'Asie-Mineure les
Croisés, pénétrèrent en Europe en s'emparant de
Constantinople ? Ce fut comme un réveil des

temps barbares du commencement de l'Ere chrétienne : iiiᵉ, ivᵉ, vᵉ siècles.

Nous venons, il est vrai, de subir une colossale poussée, arrivée encore de l'Est, suivie d'une lutte gigantesque, d'une tempête humaine comme on n'en avait jamais vue. Elle a avorté ! Est-ce parce qu'elle s'est produite seulement quatre cent vingt-cinq ans environ après l'invasion de l'Amérique ? Peut-être. Il est certain, pourtant, que la périodicité millénaire n'est pas aussi évidente que la périodicité décennale des alternances de guerres et de paix — poussées coloniales, guerres nationales, expositions internationales — établie par les auteurs que j'ai déjà cités.

Mais que se passera-t-il en l'an 2492, si l'on n'est parvenu à régler pacifiquement et scientifiquement le jeu des migrations humaines, des grandes marées sociales ? On y travaille, en ce moment, à Londres, au Congrès ouvrier de l'Emigration. Ce qu'il importe surtout, pour l'instant, de retenir, c'est le sens général d'est en ouest des grandes migrations auquel on a parfois opposé des objections véritablement puériles, comme l'existence de la Roumanie à l'est de Rome ; mais qui ne sait qu'elle fut envahie par les Moldaves et les Valaques et que c'était une colonie pénitentiaire, comme le furent, au début, l'Australie, la Nouvelle-Calédonie ?

Est-il nécessaire de rappeler que nous avons cherché à percer l'isthme de Panama pour aller par nos possessions océaniennes, rejoindre celles que nous avons acquises en Extrême-Orient, mais non pas en progressant d'ouest en est, par l'Asie.

Si les Jaunes n'ont pas réussi à envahir la Californie, n'a-t-on pas vu, au contraire, les Américains s'emparer des Philippines ; et qui donc ignore leurs convoitises à l'endroit de la Chine... et peut-être de l'Indochine ? A-t-on oublié que les Japonais ont aussi des vues dans cette direction, vers la Mandchourie principalement, qu'ils ont chassé les Russes de la Corée et commencé des opérations militaires et économiques en Sibérie et en Chine, tandis que les Chinois viennent de s'emparer de la capitale de Turkestan ? Nos provinces de l'Est et du Nord ont été cinq fois envahies dans un peu plus d'un siècle ; l'Autriche et l'Allemagne n'ont reculé vers l'est qu'après s'être avancées sur l'ouest, ainsi d'ailleurs que la Bulgarie. Les Turcs ont été surtout refoulés par des armées venant de l'Arabie par le Golfe Persique et les Indes anglaises. Tandis que les tentatives des troupes alliées échouaient du côté des Dardanelles.

l'armée de Salonique reconquérait la Serbie ; mais cette dernière n'a pas les débouchés vers l'ouest, c'est-à-dire vers l'Adriatique, nécessaires à son expansion mondiale. L'Autriche a perdu les siens avec Trieste et songe à s'unir avec l'Allemagne qui lui en offrirait par ses grands ports de l'ouest de Brême et Hambourg. La Pologne s'est péniblement frayée vers l'Occident une étroite issue par Dantzig sur la mer Baltique. La Roumanie a envahi la Transylvanie et alors que la Russie, dans la dernière guerre, aurait dû marcher directement vers l'ouest, c'est-à-dire de Varsovie vers Berlin, elle est allée épuiser ses forces dans les Carpathes. On sait le reste. Chose curieuse, si l'on examine sur la carte des migrations anciennes, celles des Slaves, on voit qu'elles se sont faites dans trois sens principaux : vers l'ouest, vers le sud-ouest et vers le nord-est. Ce peuple, non homogène d'ailleurs, ne semble pas avoir une orientation bien fixe quant à ses migrations ; sa mentalité révolutionnaire s'exerce aussi dans tous les sens.

Les anomalies ne sauraient pas plus infirmer la valeur de la théorie anticinétique qu'une éclipse ne peut prouver que la lumière ne nous vient pas du soleil. Les lois ne comportent pas cependant d'exceptions, mais plusieurs de ces lois peuvent se combiner pour modifier l'effet de l'une d'elles considérée isolément. Un système de forces variables engendre des résultantes également variables.

On a essayé d'expliquer les déplacements des hommes par des raisons très diverses, qui toutes, en effet, peuvent avoir exercé une influence dans des cas particuliers, mais non dans l'ensemble, qui est le seul point important à considérer pour le salut de la France et de l'Humanité.

Tamaris-sur-Mer, 18 juin 1926.

VII

Le 2 février 1926, les journaux annonçaient
que deux cents ouvriers venant de Paris avaient
envahi un chantier, sur la voie du chemin de
fer, aux abords de la gare de Bourg-la-Reine où
étaient occupés environ quatre-vingts ouvriers
polonais. Ces derniers durent abandonner le
travail et se réfugier dans la gare ; l'un d'eux
avait été blessé au visage. Les deux cents ouvriers agresseurs sont ensuite partis non sans
avoir annoncé leur intention de revenir en force
si le travail reprenait dans les mêmes conditions.

Antérieurement déjà, des conflits violents
s'étaient élevés entre nos nationaux et des ouvriers
étrangers. C'est sans doute pour mettre un
terme à ces manifestations inquiétantes que
la C. G. T. avait décidé, dès le 20 janvier

1926, qu'il serait tenu à Londres, du 18 au 20 mai, un Congrès international de l'Emigration où seraient discutées les principales questions suivantes : la réglementation des migrations, l'égalité de traitement des travailleurs émigrés, le mouvement ouvrier et l'émigration, l'émigration et les conditions économiques.

C'était la première fois qu'un Congrès international ouvrier était appelé à traiter ces importantes questions. Que s'est-il passé ? Je n'en sais rien encore, car on est infiniment plus rapidement renseigné sur les concours de boxe que sur les questions où le travail cérébral joue un rôle prépondérant. Le change de valeurs intellectuelles est, d'autre part, en ce moment très bas et l'intérêt proportionnellement réduit aux cours.

Quel qu'ait été le résultat de ce Congrès, il n'en marquera pas moins une date mémorable dans la vie des peuples ; plus que tout autre, j'aurais été inexcusable de ne pas le faire remarquer puisque depuis tant d'années je m'efforce d'attirer l'attention sur l'importance capitale de l'étude des migrations pour l'élaboration de la carte des tempêtes humaines.

Je me demande seulement, avec quelque inquiétude, si le débat a pu s'élever au-dessus de mesquines considérations d'ordre vénal, j'allais dire financier, pour arriver à atteindre des conceptions scientifiques ayant un caractère philosophique supérieur et dominateur. Je ne me dissimule pas que beaucoup de travailleurs estiment que le premier venu arrivant de n'importe où dans un pays qui n'est pas le sien, ne doit pas avoir les mêmes droits que ceux dont les ancêtres et eux-mêmes auront peiné et même versé leur sang pour accroître sa prospérité, alors que l'étranger s'acharnait à la ruiner ; tandis que d'autres pensent que les droits et les devoirs des travailleurs de tous les pays doivent être les mêmes partout. Ce serait sortir du cadre que j'ai adopté que de discuter des questions de cet ordre et je crois plus logique de me borner, pour l'instant, à poursuivre l'étude de la nature et de la marche des migrations avant d'examiner les conséquences sociales qui peuvent en résulter plus ou moins directement.

D'une étude démographique publiée en 1903 par la *Revue Scientifique*, il résulte que quelles que soient les difficultés suscitées par le gouvernement américain, le nombre des émigrants continue à augmenter aux Etats-Unis d'années en années. Si l'on compare les statistiques de 1899 à 1902 inclusivement, on constate que l'immigration a fait monter le chiffre de la population de plus de deux millions et que la seule année 1902 y entre pour un total respectable de 739.289 immigrés, tandis que les années précédentes donnaient respectivement les chiffres suivants : 361.318 en 1889, 472.126 en 1900 et 522.573 en 1901.

D'après l'*Economista*, de Florence, le total des immigrés européens a été, en 1902 de 702.368, tandis que celui des immigrés venant d'Asie s'est élevé seulement à 28.767, soit à un chiffre vingt-cinq fois moindre. Cette statistique montre bien que le courant d'est en ouest a été considérablement plus fort que celui de sens contraire. Après la guerre, l'immigration a été tellement importante que le Sénat américain a voté par 53 voix contre 25, le nouveau projet de loi sur l'immigration, réduisant la proportion des étrangers à admettre aux Etats-Unis à un pour cent du nombre des étrangers de même nationalité y résidant déjà. Le Canada a suivi le même mouvement parce que la résolution des E. U. aurait porté vers le pays la marée de l'immigration.

Suivant le contre-amiral Rodgers, ancien commandant de l'escadre asiatique américaine, les Etats-Unis sont surpeuplés au point qu'ils seront forcés de se livrer à des guerres agressives pour donner des territoires nouveaux à leurs habitants. Le projet américain de désarmement, aurait-il ajouté, est basé sur la croyance erronée que le monde entier désire supprimer la guerre ; pourtant, il est évident que certaines grandes puissances la considèrent encore comme le meilleur moyen d'obtenir ce qu'elles veulent. On voit par ces paroles combien sont liées intimement les questions de pacifisme et d'émigration. Est-il utile de rappeler que les convoitises des Américains sont orientées du côté de la Chine, peut-être même de l'Indo-Chine et qu'ils viennent de s'emparer des Philippines, c'est-à-dire d'avancer dans le sens anticinétique ? Ces pays sont déjà très peuplés, mais la Chine, qui fut pendant de nombreux siècles une nation pacifique, est en ce moment, en train de faire de la place à des occupants éventuels par ses luttes intestines ; non seulement les Chinois s'entretuent, mais encore ils émigrent par millions vers l'Indochine et les Indes, c'est-à-dire vers l'ouest. On ne doit pas oublier également que la puissance des armes n'est pas la seule qui puisse favoriser les mouvements migrateurs : celle de l'or a aussi son importance et les Etats-Unis en sont gorgés à ne savoir qu'en faire.

En dépit des pertes qu'elle avait subies pendant la guerre, les économistes anglais ont constaté que la population de la Grande-Bretagne avait augmenté rapidement : il y avait après la guerre autant d'ouvriers au travail, bien qu'il y eût un million de chômeurs inscrits. D'importants subsides furent votés pour encourager l'émigration vers les espaces libres des dominions et, en deux ans, 125.000 Anglais ont quitté la mère patrie se dirigeant principalement vers les territoires agricoles de l'ouest du Canada, c'est-à-dire toujours en anticinèse. Le mouvement vers l'Australie a été beaucoup moins important.

Avant la guerre, l'émigration allemande était un phénomène courant se produisant, a dit un auteur, avec la régularité d'un « mouvement cosmique ». Elle s'est accrue rapidement après la guerre et s'est portée en grande majorité vers l'Amérique du Nord. Cette dernière qui avait vu arriver, en 1913, 20.430 immigrants, en a reçu. en 1922, 24.608

Les Antilles, l'Amérique centrale, le Brésil, la République Argentine en ont reçu aussi plus qu'avant la guerre. Cet accroissement d'émigration vers l'ouest peut tenir en partie à ce que celle qui se faisait vers la France avant la guerre et qui était considérable, a été suspendue. Nous étions envahis pacifiquement toujours de l'est à l'ouest et actuellement, c'est l'invasion polonaise qui a succédé à celle des Allemands. Les statistiques publiées en 1924 signalent l'immigration en France, en 1923, de 50.000 ouvriers polonais, et leur nombre a dû s'accroître depuis assez fortement. Sur les 262.800 ouvriers immigrés, on a compté 112.000 Italiens, qui sont venus s'ajouter à ceux déjà extrêmement nombreux, qui se sont fixés en Provence et dans certains départements comme le Lot, qu'ils sont en train de coloniser (1). Tout ce mouvement s'effectue bien d'est en ouest, en anticinèse, c'est-à-dire en sens inverse du mouvement de rotation de la terre : on ne saurait le nier.

En 1922, les journaux annonçaient que pendant les premières semaines de cette année, quarante mille Italiens s'étaient embarqués pour l'Amérique du Sud et les Etats-Unis contre dix mille rapatriés seulement.

Le mouvement d'émigration pacifique des Italiens vers la France ne peut être que très favorable à notre pays ainsi qu'à sa « sœur latine », puisque cette dernière a un excès de population et que chez nous c'est le contraire. Dans le midi particulièrement, les Ligures de la Lombardie s'entendent parfaitement avec ceux de la Provence, de même que les Gaulois cisalpins du Piémont avec les Gaulois transalpins de France.

_____

(1) En septembre 1926, il y aurait eu 800.000 ouvriers italiens travaillant en France.

C'est certainement en raison de ces affinités de race et des grands intérêts que les Italiens avaient en France, qu'ils ont fait cause commune avec nous pendant la guerre, de même que nous les avons aidés à repousser les Autrichiens dont la poussée se faisait d'est en ouest, comme celle des Allemands chez nous, en partie tout au moins.

J'ai fait part à M. Mussolini de mes idées à cet égard en lui adressant ma conférence de Toulon sur « la Paix par la Science et le Protectorat Rhénan », et il a eu la courtoisie de m'adresser ses compliments et ses remerciements. Aussi n'ai-je pas été surpris de lire dans le *Progrès de Lyon* du 2 mars 1923, la note suivante : « Mussolini, président du Conseil des ministres d'Italie, aurait l'intention, d'après le journal démocratique *Messagero*, de s'entendre avec la France. L'Italie qui a un trop plein de monde, l'aurait confié à la France ; elle aurait même offert une garantie militaire et politique à sa voisine, mais, en échange de ses services, elle aurait réclamé des avantages économiques ». Il est évident qu'une immigration *pacifique* vers l'ouest ne peut être qu'un grand bien pour les deux nations ainsi que pour la paix du monde et que le grand chef du fascisme auquel on a prêté des idées impérialistes, ne rêve pas d'imiter la désastreuse et criminelle conduite du Kaiser qui devait et pouvait se contenter de la pénétration pacifique des Allemands vers l'ouest, surtout vers l'Amérique.

Notons encore, à l'appui de ma théorie de l'anticinèse, qu'un nombre assez important de Français des Alpes de la Savoie, se sont embarqués en 1923 pour le Mexique, tandis que plusieurs milliers d'Arméniens s'installaient chez nous.

Sans doute, il s'est fait quelques émigrations pacifiques dans d'autres sens que l'ouest. Celle des Anglais vers l'Egypte, des Français vers l'Afrique, mais elles ont été proportionnellement peu considérables. La nécessité de notre immigration africaine s'explique parce que nous sommes coincés entre l'Angleterre — dont M. Herriot a été intentionnellement invité à passer en revue la formidable flotte — et l'Allemagne qui est toujours redoutable pour ses voisins de l'ouest. Nous sommes entre l'enclume et le marteau.

On ne saurait méconnaître ni mépriser l'importance de la force anticinétique, qui semble ne pas s'exercer seulement sur les hommes, car elle paraît aussi avoir transporté en Amérique notre or, nos objets d'art, nos bijoux, nos livres précieux et engendré par surcroît une créance pour l'acquittement de laquelle il nous faudrait être réduits en esclavage pendant soixante ans ; à moins que la vieille Europe coalisée, poussée elle-même par les Asiatiques et fuyant le péril jaune, n'envahisse de nouveau l'Amérique, mais brutalement cette fois, comme cela serait arrivé si les Français ne s'étaient pas ruinés en hommes et en richesses de toutes sortes pour arrêter la poussée de l'arrière banc des Germains après 1914.

Tamaris-sur-Mer, 2 juillet 1926.

VIII

Nous savons que les guerres ont un caractère périodique, comme d'ailleurs une foule d'autres manifestations collectives ou individuelles des êtres vivants.

On admet également qu'elles sont précédées, accompagnées et suivies de phénomènes cosmiques, qui ne sont pas des manifestations isolées dues au hasard, par exemple, les variations des taches solaires auxquelles sont liées intimement celles de ces grands courants électro-magnétiques du globe qui font que nous vivons, en réalité, à la surface d'un immense électro-aimant, telles encore les aurores boréales, etc. Toutes ces saisissantes expressions de l'activité universelle protéonique sont reliées entre elles et régies par des lois dont quelques-unes nous sont déjà connues et dont toutes les autres ne sauraient faire partie de ce que certains philosophes prétentieux appellent « l'inconnaissable » comme s'ils pouvaient savoir où finira le « connaissable ».

Bien plus, on constate que les poussées humaines, qu'elles s'effectuent soit d'une manière violente par des crises, en apparence seulement spontanées, soit d'une manière continue et pacifique, n'ont pas une direction quelconque, mais bien un sens général susceptible d'être objectivement déterminé par l'observation.

Les êtres vivants se sont toujours déplacés à la surface du globe en superposant les unes aux autres les couches géologiques renfermant les vestiges de leurs migrations : il n'y a pas de races autochtones.

J'ai montré surabondamment que depuis la préhistoire et surtout pendant la période historique proprement dite, la direction du mouvement migrateur, envisagée dans son expression la plus générale, a été de l'est à l'ouest, de l'Orient vers l'Occident, en sens inverse par conséquent du mouvement de rotation de la terre sur elle-même. Que ce processus depuis longtemps très régulier, ait pu subir dans les temps géologiques des variations plus ou moins étendues, plus ou moins durables, cela n'a rien de surprenant puisque l'axe de rotation de la terre a subi lui-même une inclinaison sur le plan de l'écliptique, ce qui, au moment de la période glaciaire, a changé la distribution et la nature des climats. Mais une éclipse de soleil ne saurait prouver que la lumière de cet astre est intermittente.

Si l'on ne conteste plus guère la réalité et l'universalité de ce que j'ai appelé le *mouvement anticinétique giratoire*, on cherche à l'expliquer de façons différentes. Les uns disent que si les grandes invasions des barbares asiatiques se sont effectuées de l'Orient vers l'Occident, c'est parce que les hauts plateaux de l'Asie s'étaient desséchés. Il se peut que cette « déshydratation » de régions autrefois très fécondes, ait joué un rôle important dans l'exode des peuples de l'Asie, mais elle ne nous fournit aucune indication, aucune explication de la raison pour laquelle des masses humaines ont pris de préférence la direction de l'Occident et l'ont conservée, tant que des obstacles infranchissables tels que la mer, ne l'ont pas modifiée. On a dit encore que l'émigration d'est en ouest s'explique par l'instinct des hommes à suivre la marche apparente du soleil pour gagner un climat plus chaud. Il est évident que les masses énormes qui ont émigré de l'Arabie torride vers l'Atlantique jusqu'au Maroc et ont essayé de remonter vers le Nord, sans pouvoir s'y maintenir d'ailleurs, jusqu'en Espagne et, en France, jusque dans la région de l'Ain — de *aïn* qui signifie en arabe rivière, fleuve — ont été incitées à ces déplacements par autre chose. Est-il nécessaire d'ajouter qu'aucune des autres hypothèses proposées n'est acceptable, pas même celle de l'appas de l'or pour expliquer l'invasion de l'Amérique, dont les richesses étaient connues depuis fort longtemps en Europe avant le voyage de Colomb.

L'observation qui nous révèle bien la réalité et l'universalité de mouvement anticinétique giratoire est absolument insuffisante pour nous en faire comprendre la raison ; c'est pourquoi nous allons maintenant mettre en œuvre le troisième moyen employé dans la méthode scientifique pour la recherche de la vérité : l'expérimentation. Quelques notions rudimentaires sont nécessaires pour en faire comprendre l'importance.

Toute action provoque une réaction : cette dernière peut être de même nature ou de nature différente de l'action provocatrice.

Dans le cas d'une bille de billard tombant verticalement sur le sol et rebondissant à une certaine hauteur, l'action est suivie d'une réaction de même nature mais de sens contraire, ce qui est un cas très général. La faculté de réagir par un mouvement ou par toute autre manifestation énergétique est très développée dans la substance vivante ou bioprotéon et en constitue une des propriétés fondamentales à laquelle on a donné le nom d'*irritabilité*.

Dans ma théorie *biocinétique* de l'irritabilité qui a trait comme son nom l'indique au mouvement chez les êtres vivants, trois cas peuvent se présenter :

1° La réaction est supérieure en énergie à l'action et il y a alors mouvement en sens inverse de l'action ; c'est ce que j'ai appelé *anticinèse*, c'est-à-dire à contre-mouvement ;

2° La réaction est égale à l'action et c'est l'*acinèse*, ou l'absence de mouvement ;

3° La réaction est inférieure à l'action provocatrice et le mouvement s'opère dans le sens de l'action : c'est l'*homocinèse*.

L'expérience prouve que ces trois espèces de phénomènes peuvent se produire d'emblée ou bien se succéder fatalement dans certains cas.

L'anticinèse est un phénomène banal. L'écolier qui a arraché les ailes d'une mouche et l'a placée sur son porte-plume qu'il fait tourner entre ses doigts, voit l'animal se déplacer en sens inverse du mouvement de rotation ; c'est le cas de l'écureuil dans sa tournette, du chien dans la roue de la meule de l'aiguiseur ou sur le plateau horizontal que l'on fait tourner. Le promeneur sur un trottoir roulant a de la tendance à progresser à contre mouvement ; l'oiseau vole contre le vent, le poisson fait tête au courant de l'eau, etc. Ce sont là des exemples grossiers, mais il en existe d'autres fort nombreux qui s'observent chez des organismes beaucoup moins compliqués, réduits même à la substance vivante dans son état le plus rudimentaire, que j'ai nommée *bioprotéon.*

On peut, comme je l'ai fait expérimentalement, provoquer l'anticinèse chez une foule d'organismes animaux et végétaux, enfermés dans un milieu auquel on imprime un mouvement régulier et de vitesse donnée, contenant un organisme déterminé.

Faisons une expérience que tout le monde pourra répéter.

Dans un grand cristallisoir de verre, j'en place un plus petit et je remplis l'intervalle laissé entre eux avec de l'eau de mer de façon à établir une piste liquide circulaire. Dans celle-ci, je plonge une petite anguille de huit à dix centimètres de longueur. Je pose tout le système sur un plateau horizontal auquel j'imprime un mouvement de rotation d'une vitesse déterminée, soit avec une manivelle, soit à l'aide d'un moteur. L'animal, qui nageait indifféremment dans tous les sens, ne tarde pas à s'orienter et se met à progresser en sens inverse du mouvement de rotation imprimé au système. C'est un mouvement actif de l'anguille et non pas le résultat de la force d'inertie comme l'a sottement prétendu un de ces pseudo-savants en mal de dénigrement, si nombreux aujourd'hui, absolument étrangers d'ailleurs à la biologie expérimentale et dépourvus du sens critique scientifique. La preuve en est que la même anguille morte ne se comporte plus comme elle le faisait étant vivante. Chose plus curieuse encore, après avoir tranché la tête du petit poisson, on voit la réaction anticinétique se maintenir pendant longtemps. Il ne faut donc pas songer à faire intervenir la volonté plus ou moins consciente ou l'instinct de l'animal dans l'accomplissement de ce phénomène. Il s'agit d'une réaction d'ordre très général, qui n'est pas localisée dans le cerveau, ni même dans le système nerveux, puisque j'ai pu la mettre en évidence dans des racines d'oignons se développant dans des récipients de verre remplis d'eau et placés pendant plusieurs jours sur le disque tournant. Ce résultat n'est pas plus surprenant que la démonstration au moyen de disques tournant verticalement, du géotropisme qui fait que les racines des végétaux se dirigent vers le centre de la terre par suite de l'influence de la gravitation universelle.

On ne peut donc pas prétendre que la réaction anticinétique soit fatalement consciente et *a fortiori* volontaire et raisonnée, au moins dans l'immense majorité des cas. Qui de nous s'est jamais aperçu que nous sommes entraînés par le mouvement de rotation de la terre sur elle-même, dans l'atmosphère où nous sommes plongés, avec une vitesse qui est à l'équateur d'environ cinq cents mètres par seconde, vitesse très inférieure encore à celle de notre planète tournant autour du soleil ? Qui de nous a conscience d'une dizaine d'autres mouvements que subit en outre notre globe remorqué par le soleil dans sa course vertigineuse vers Véga ? Personne ! Mais revenons à notre expérience.

Si la rotation du système est trop prolongée ou trop accélérée, les efforts de l'animal se ralentissent et finalement s'arrêtent en acinèse. Il reste immobile, la tête toujours tournée en sens inverse du mouvement, mais il ne progresse plus. Si la fatigue continue à se faire sentir, il ne tardera pas à progresser dans le sens de la rotation, c'est-à-dire en homocinèse. Ce passage de l'anticinèse à l'acinèse et à l'homocinèse peut être favorisé, accéléré ou même provoqué non seulement par la fatigue, mais encore par les stupéfiants tels que la cocaïne, l'alcool, qui, de même que la fatigue, produisent le sommeil, c'est-à-dire le ralentissement du fonctionnement général de l'organisme par autointoxication carbonique. Enfin, les courants électriques peuvent provoquer, accélérer, ralentir et même contrebalancer la réaction anticinétique giratoire. Or, nous ne devons pas oublier que nous vivons à la surface d'un vaste électro-aimant, comme je l'ai déjà dit, et que tous ses courants sont sujets à des périodicités en rapport étroit avec d'autres grands phénomènes cosmiques, mais dont la direction générale est inverse de celle du mouvement giratoire du globe terrestre.

Nous verrons bientôt quelles étroites relations existent, sous le rapport du pacifisme scientifique, entre l'observation, l'expérimentation et le raisonnement qui permettent de *savoir*, par conséquent de *prévoir* et *pouvoir*.

Tamaris-sur-Mer, 9 juillet 1926.

IX

Cent mille femmes venues de tous les points
de l'Angleterre et de l'étranger ont marché vers
Londres, avec enseignes corporatives pacifistes,
pour manifester en faveur de la paix. Est-ce le
pressentiment instinctif de quelque nouvelle
tempête sanglante qui les a poússées ? On peut le
supposer. En tous cas, il ne suffit pas de procla-
mer que l'on veut la paix ; tout le monde la désire, sauf peut-être quelques-uns de ces immondes rapaces qui ont le secret de faire de l'or
avec du sang. Mais comment l'obtenir ? Tout est
là.

La méthode scientifique objective appliquée à
la sociologie en général et au pacifisme en particulier, peut seule permettre d'expliquer le passé,
de comprendre le présent et de prévoir l'avenir,

comme cela existe déjà pour l'astronomie. Elle est en flagrante opposition avec l'empirisme fantasque des politiciens, avec l'incohérence coutumière ou le marchandage professionnel des maquignons de la diplomatie, aussi bien d'ailleurs qu'avec ces rhéteurs bavards qui semblent penser d'autant moins qu'ils parlent davantage. Mais « on vit de bonne soupe et non de beau langage » ; or, la soupe devient de plus en plus maigre, si la salive abonde.

Récemment, d'inquiétants craquements se sont fait entendre dans l'édifice de la Société des Nations qui a une belle façade, mais dont la charpente ne repose pas sur une base scentifique ou simplement rationnelle, et c'est là qu'est le danger. Le plus grand obstacle au triomphe du pacifisme scientifique est l'absence dans les masses et dans l'esprit de ceux qui les représentent, de la culture scientifique — que j'ai failli écrire avec un K.

Ce que l'on considère comme utile, indispensable même pour les soins à donner au sol nourricier, semble indifférent pour ceux qui en vivent. Pourquoi chercher à dissimuler ce que l'étranger nous reproche et qui lui fait perdre sa belle confiance d'autrefois ? Il nous faut regarder devant nous plutôt que derrière ; nous sommes trop rétrospectifs et il ne faut pas que le culte de nos grands morts nous fasse mépriser celui des vivants que l'on décapite trop volontiers si la tête émerge du champ de blé. Autrefois, très primesautière et même audacieuse, la Société actuelle s'effarouche facilement de ce qui n'est pas banal et l'originalité lui apparaît facilement comme une tare psychique inquiétante : le snobisme est en hausse et le franc est en baisse.

L'idée nouvelle provoque ordinairement une réaction d'autant plus vive qu'elle est plus inattendue et au lieu de réfléchir, on crie volontiers au scandale. C'est ce que fit une certaine presse quand je proposai de créer des Ecoles de la Paix. Je ne puis résister au désir de citer le passage suivant du discours que je fus appelé à prononcer à l'occasion de la Séance solennelle de rentrée des Facultés de l'Université de Lyon devant un public d'élite (?) nombreux remplissant le grand amphithéâtre de la Faculté de médecine le 3 novembre 1904. Il y avait aussi, fort heureusement pour l'orateur, une majorité d'étudiants enthousiastes et qui ne lui ménagèrent pas l'expression de ses sympathies. Voici ce que je disais dix ans avant la guerre :

« On sait aujourd'hui, par expérience, que ce n'est pas par des sortilèges ou des incantations que l'on arrêtera, ou que l'on ralentira seulement, le cours des fléaux de l'Humanité, mais

bien par une meilleure compréhension des choses et des êtres ; en un mot parce que savoir fait
pouvoir. Ainsi, ne serait-il pas sage de doter la
science de la Paix de riches et fortes écoles,
comme on l'a fait pour sa sœur aînée la science
de la Guerre ? Il n'y aurait entre elles nulle
opposition si celle-ci se bornait à protéger celle-
là, trop jeune encore pour se défendre seule.

« Dans ces retraites plus tranquilles, plus favorables au travail scientifique que les atmo-
sphères agitées de nos grandes assemblées, on
pourrait préparer de belles choses, par exemple
les Etats-Unis d'Europe pour faire face au péril
jaune ; non pas que je croie que l'on puisse empêcher les fleuves d'aller vers la mer et les peuples de tourner en sens inverse du mouvement
de rotation de la terre, mais parce que l'on peut
endiguer ces grands courants telluriques, empêcher de funestes débordements et peut-être —
qui sait ? — par de savants barrages à écluses,
faire servir leur force motrice à la marche du
progrès...

« En tous cas, assez de sang versé ! »

Nous étions en 1904... et j'ajoutai :

« *Vous voyez par ces exemples que vous auriez, à peu de frais, préparé, amassé pour vos enfants un précieux héritage d'incalculables trésors. Ne comptez que sur vous et puisque les*

*dieux semblent vouloir nous refuser de nou-
veaux miracles, faites avancer la Science ! »*

Il ne fut point créé d'écoles de la Paix et pourtant qui sait ce qu'elles auraient pu faire en dix ans ? En revanche, au premier rang de mes auditeurs se trouvait un guerrier fort galonné et très décoré, quoique appartenant seulement à l'intendance. Il déclara à un de mes amis que les gens comme moi, c'est-à-dire les pacifistes: « il faudrait les pendre ! » Le vent n'était pas au pacifisme à ce moment-là. Je laisse au lecteur le soin de décider lequel de nous deux méritait le plus la corde. Malgré le nombre considérable d'ennemis que ces idées, entre autres, m'avaient suscités, je n'en continuai pas moins ma campagne pacifiste. Le 16 novembre 1906, j'écrivais dans *Le Lyon Universitaire*, à propos de la disgrâce de Bismarck :

« L'Empereur avait compris que ce qu'il fallait avant tout à l'Allemagne, dont la population ne cessait de croître, en même temps que toutes ses manifestations intellectuelles, industrielles et commerciales, c'était la grande route des mers : Il fallait des ports, des canaux, des vaisseaux, des colonies. Il fit tout pour suivre la véritable voie scientifique et il y est en partie parvenu.

« Quelle attitude devra prendre la France dans l'intérêt de la paix : devra-t-elle chercher à enfermer l'Allemagne en lui bouchant, d'accord avec les autres peuples, toutes les issues ? Ou bien, s'inspirant des considérations scientifiques que nous avons développées plus haut, devra-t-elle favoriser le mouvement d'expansion de l'Allemagne dans la direction véritablement scientifique, c'est-à-dire vers l'Ouest de sa capitale et vers la mer, par le plus court chemin ? Mais oui, c'est à coup sûr ce dernier parti qu'elle doit prendre, et il y aura de grandes chances pour que l'expansion et la pénétration soient exclusivement pacifiques.

« Nous comprenons facilement que l'Angleterre, ancienne colonie anglo-saxonne et normande, qui n'a jamais cherché que ce qu'elle croit être son intérêt *immédiat*, préférerait une conflagration entre la France et l'Allemagne vers notre frontière du nord-est. Mais il ne doit pas y avoir de conflagration, si les véritables intérêts de la France et de l'Allemagne ne sont pas méconnus et si l'on ouvre à cette dernière ses débouchés naturels. Elle n'aurait pas eu lieu, l'horrible tuerie russo-japonaise, si l'Humanité avait demandé à la Science plutôt qu'aux armes de décider entre ses deux enfants : la Russie aurait gagné beaucoup à faire de bonne grâce ce que voulait la science du mouvement de migration et ce qui se fera malgré sa résistance désespérée... »

L'expérience n'a pas tardé à vérifier cette prévision.

Depuis 1906, je n'ai cessé, malgré toutes les épreuves parfois des plus pénibles, de chercher à faire triompher le pacifisme scientifique et voici ce qu'on peut lire dans le compte rendu de l'Assemblée générale de *La Paix par le Droit*, de Lyon :

« L'assemblée des délégués de la Paix par le Droit, après avoir entendu, le 31 mai 1914, le professeur Raphaël Dubois, émet le vœu que le pacifisme entre, sans plus attendre, dans la voie scientifique qui seule peut le conduire à des résultats pratiques durables. En conséquence, elle demande la création, dans les principaux centres intellectuels, d'*Instituts de la Paix* où l'on recherchera le remède par la méthode scientifique, du plus horrible des fléaux de l'humanité, c'est-à-dire de la guerre, déchaînement poussé jusqu'au délire de la criminalité générale .»

On a objecté que j'étais matérialiste et que la guerre dépend avant tout de la volonté humaine.

Je ne suis pas matérialiste, pas plus que je ne fais profession d'être spiritualiste. J'ai introduit le monisme nouveau ou néo-monisme dans l'enseignement officiel bien avant qu'Haeckel ait gé-

néalisé son monisme primitif, lequel faisait dé-
river l'Homme de la Monère et n'allait pas au
delà. Pour moi, *force* et *matière* ne sont que
deux aspects d'un principe unique, le *protéon*
qui par ses innombrables et incessantes métamorphoses donne à la Nature son infinie et merveilleuse variété. Rien ne se perd, rien ne se crée,
mais tout évolue, sans cesse, partout, en nous
comme en dehors de nous, selon des lois dont la
connaissance nous est permise par la Science et
dont l'insubordination, consciente ou inconsciente, bien souvent fruit amer de l'ignorance,
n'en comporte pas moins de terribles sanctions,
dont la guerre n'est pas la moindre. Voilà ce que
j'enseignais à mes étudiants, bien avant la découverte du radium et les démonstrations des savants qui ont établi définitivement que la « matière » n'est que de l'énergie compacte. Mais ils
ont eu le tort de donner le nom d' « énergétique », qui prête à confusion, à ce que j'avais
appelé *protéonisme*, pour bien marquer qu'il
s'agissait d'une doctrine philosophique nouvelle. Le mot a eu pour beaucoup de mes compatriotes le tort d'être né en France.

Quelques heures encore, avant la déclaration
de guerre qui éclata comme un formidable coup
de tonnerre, mais précédé comme les autres par
un malaise général, je venais de faire, au Con-

grès de l'Association Française pour l'Avancement des Sciences, au Havre, en juillet 1914, une
communication intitulée : *Nécessité et urgence
de la création d'instituts pour l'étude par la méthode scientifique des questions relatives au pacifisme*, que je terminais par ces paroles : « Il
faut que le pacifisme devienne scientifiqué, que
la guerre soit étudiée comme on étudie la peste
et le choléra et il ne faut pas dire : *Si vis pacem,
para bellum*, comme les Romains de jadis, mais
bien : *Si vis pacem, para pacem* ». Si tu veux la
paix, prépare la paix : *Pax scientiâ*.

Tamaris-sur-Mer, 23 juillet 1926.

X

La séance solennelle de rentrée des Facultés
de Lyon dans le discours inaugural de laquelle
j'avais, en 1904, demandé la création d'Ecoles
de la Paix fut supprimée l'année suivante pour
cause... d'économies ! Rien de pratique ne fut
tenté au point de vue du pacifisme scientifique,
dont je tiens à tracer les grandes lignes de la
lente. et pénible évolution pour montrer combien les idées les plus simples, les plus logiques
ont peine à vaincre les préjugés, la routine,
l'ignorance et, disons-le franchement, la mau-
vaise foi de ceux qui vivent de tout cela bien
souvent.

Je n'en continuai pas moins la campagne
entreprise parce que j'ai toujours pensé que la
Science est la dernière planche de salut de l'Hu-

manité et que si le pacifisme scientifique ne triomphait pas, ce serait l'avènement plus ou moins prochain, d'une nouvelle barbarie générale. Je dis « nouvelle », parce que l'évolution, qui est en nous et partout en dehors de nous, ne comporte pas le recommencement, étant continue et progressive. Le Temps ne recule pas et ne perd jamais ses droits. C'est la puissance qui mène le Monde et terrasse les plus forts. On ne reverra plus les hommes préhistoriques pas plus que les grands reptiles volants ni les oiseaux qui avaient des dents et point d'ailes. Il y en a peut-être autre part, mais sur la Terre, ils ont évolué ou disparu.

Comme les jours, les grandes périodes se suivent, se répètent mais ne se ressemblent pas, au moins intégralement. Il y aura autre chose qui pourra être pis ou meilleur que le présent : ayons plutôt foi dans ce dernier espoir, en tous cas, faisons tous nos efforts pour qu'il se réalise comme le médecin qui s'efforce d'arracher à la souffrance, à la mort, celui qui a mis en lui sa confiance.

Dix ans après mon discours de Lyon, le 31 juillet 1914, je réclamais encore, au Congrès anglo-français du Havre, la fondation d'instituts bien organisés pour le pacifisme scientifique. Amère et cruelle ironie du sort ! deux jours après, retentissait dans toutes les communes de France, le glas funèbre d'un million et demi de ses plus beaux enfants. La guerre « fraîche et joyeuse » était déclarée, la grande folie furieuse déclanchée... Des flots de larmes d'abord, des flots de sang bientôt, et puis encore des vagues de larmes et de sang de la tempête humaine, des souffrances inouïes, des ignominies décon- certantes mêlées aux plus sublimes éclairs des plus hautes vertus, telle fut la grande démence collective, sans précédent par sa violence et sa durée ininterrompue. Personne n'a voulu accep- ter la responsabilité de cette horrible folie que l'on pourrait, ne fut-ce que pour ce motif, appe- ler « la guerre des irresponsables ».

On ne pouvait plus parler de pacifisme sans s'exposer à être considéré comme antimilita- riste, défaitiste ou pis encore. C'était logique car, dans toute crise de folie, il y a toujours un certain enchaînement des idées et des actes qui les suivent. Il est clair que lorsque l'on en est arrivé à régler ses différends avec son voisin à coups de couteau comme font les sauvages, les apaches, les ivrognes ou les fous, il vaut mieux donner le dernier coup que de le recevoir.

L'Homme-Dieu, qui pourtant pouvait vrai- semblablement se défendre, ne le fit pas pour racheter l'Humanité... mais la vocation de martyr devient de plus en plus rare, même chez les chrétiens.

Comme on demandait à un brave combattant de notre « armée noire », ce qu'il pensait de la guerre, il répondit sans hésitation : « *tu mi tue où je ti tue, voilà !* » On ne pourrait mieux dire et ce qu'il y a d'infiniment attristant dans ce duel à mort collectif, c'est que les acteurs et même les auteurs ignorent les origines naturelles, les racines profondes de cette herbe de mort aux fleurs de sang et celle du fumier où elle prospère pour le plus grand bénéfice des vampires de l'or.

Ne pouvant plus prêcher la paix, j'offris à l'autorité militaire mes humbles services et elle ne me cacha pas sa surprise de voir un ancien médecin aide-major de l'Année Terrible, venir solliciter l'honneur de servir encore dans l'armée française !

Comme conséquence de mes expériences sur le pouvoir paralysant de la réaction anticinétique, je préconisai de placer sur la route des envahisseurs les milliers d'hectolitres d'absinthe dont on venait de proscrire l'usage et dont on ne savait que faire. J'indiquai qu'ils pouvaient aussi être utilisés pour l'application rapide et économique d'un procédé d'embaumement que j'avais inventé et qui eût pu éviter les macabres

et ruineuses manipulations d'après-guerre réclamées par ceux qui voudraient retrouver la dé-
pouille mortelle des chers disparus. C'eût été,
du même coup, épargner aux vivants les terribles épreuves et les dangers du voisinage des
cadavres en putréfaction. On ne prit quelqu'intérêt qu'à une vapeur asphyxiante dont j'avais
failli être victime ainsi qu'un de mes aides, au
cours d'expériences pour la *guerre à la douleur*
par les anesthésiques.

Je me replongeai dans l'étude et je publiai,
en 1916, dans les *Annales de la Société Lin-
néenne de Lyon*, un mémoire sur « les origines
naturelles de la guerre, les influences cosmiques
et la théorie anticinétique : la Paix par la
Science », bientôt suivi d'un important article
de vulgarisation paru dans *La Science et la Vie*,
intitulé : « Les origines de la conflagration européenne », où j'écrivais : « Les nations sincèrement pacifiques qui entendent vivre librement
de leur travail et de relations commerciales honnêtes doivent sans retard se liguer contre celles
qui veulent exister, s'accroître et prospérer par
l'asservissement des autres, par le brigandage,
le pillage ou simplement par l'accaparement
économique préparé au moyen de la force ou
de la ruse, d'où qu'il vienne. »

J'avoue qu'à ce moment-là, je faisais allusion

à un autre pays qu'à l'Amérique du Nord, qui semble vouloir jouer vis-à-vis de la France et de l'Allemagne le rôle du troisième larron de la Fable, si l'on en juge par les propos suivants attribués à un magnat de la finance américaine dans *La Nouvelle Feuille du Midi* par l'industriel bien connu Arnold Rechberg :

« Nous, Américains, ne serons pas assez mal avisés pour acheter l'industrie du Reich sans nous emparer tout d'abord du pouvoir politique en Allemagne. Nous ne deviendrons pas seulement les maîtres de l'Allemagne, mais aussi ceux de la France.

« Tout d'abord, nous ferons signer au gouvernement français un contrat touchant le remboursement des dettes françaises envers l'Amérique. Une fois détenteurs de ce contrat, nous ferons tomber le franc jusqu'aux environs du point zéro par tous les moyens à notre disposition, de façon à ce que la France ne soit pas à même d'exécuter ses obligations.

« En supposant que le franc se stabilise, la France nous devrait beaucoup trop d'argent pour pouvoir défendre son indépendance contre le pouvoir de la haute finance. Nous imposerons à la France un plan Dawes et nous mettrons la main sur son réseau ferré. Dès que l'inflation cessera, les industriels français n'auront plus de capitaux de roulement et nous pourrons facilement en devenir les maîtres.

« Ayant ainsi établi notre domination sur deux pays, disposant de la houille allemande et du minerai de fer français, nous achèterons la presse des deux côtés du Rhin et nous pourrons faire travailler pour nous la population allemande et la population française. »

La fameuse parole : « Nous voici, La Fayette! » serait remplacée alors par cette autre : « Nous voici, la faillite ! »

Il ne fallait pas mettre en commun seulement le sang versé mais aussi les dettes interalliées et nous aurions encore eu là le rôle le plus généreux. Mais je ne puis penser à ce malheureux traité de Versailles, bâti par des diplomates et des politiciens, sans songer à la fable de Maître Corbeau. Nous avons été la dupe du renard après avoir échappé au loup et pourtant, si nous n'avions pas un lion, nous avions, disait-on, un tigre pour nous défendre ! Le moindre « Raton » eut mieux fait notre affaire.

Mais avant d'aller plus loin et de reparler des Américains, revenons un peu en arrière pour montrer, une fois de plus, tout le parti que l'on peut tirer de l'observation et de l'expérimentation scientifiques en matière de pacifisme pratique et qu'il me soit permis, pour cela,

d'extraire de mon article de la *Science et la Vie*
de 1916 les quelques lignes suivantes :

« Si l'invasion brutale, dans le sens anticinétique n'a pu être évitée, l'expérimentation
montre qu'on la peut combattre efficacement
par l'usure physiologique : résistance soutenue,
famine, poison; le pillage des caves et l'ivrogne-
rie teutonne, n'ont pas été sans influence sur
notre victoire de la Marne. On peut aussi, pre-
nant à revers l'ennemi, profiter de l'impulsion
anticinétique, le pousser vers les zones de résistance de l'ouest et l'écraser entre l'enclume et le
marteau.

« C'est pourquoi, la marche vers l'Occident
des armées de Salonique s'impose; la marche
en sens inverse conduirait à un nouvel échec.
Les Russes devaient marcher de l'est à l'ouest,
directement de Varsovie sur Berlin...

« Tout ce que nous avons observé sur nos
animaux en expérience se répète sous nos yeux.
Après le recul et l'arrêt en attitude anticinétique, poussées anticinétiques de moins en moins
profondes, repos de plus en plus nombreux et
prolongés et la fatigue par usure continuant à
se faire sentir, ce sera finalement la marche en
homocinèse.

« Après l'usure de l'anticinèse brutale, patho-
logique, il faudra se préoccuper de régler sage-

ment l'exercice de l'anticinèse physiologique suivant la loi naturelle, non par un barrage dangereux, sans issue, non par une annexion mais par un large protectorat des provinces rhénanes permettant un filtrage et une épuration convenables. »

C'est bien, à peu près, ce qui a failli se produire par les efforts du parti séparatiste allemand, qui réclamait une Rhénanie autonome et indépendante comme la Suisse à laquelle elle aurait fait suite jusqu'aux Pays-Bas, établissant ainsi une zone neutre entre l'Allemagne et la France et constituant un excellent terrain de conciliation entre les Germains de l'est et les Celtes de l'ouest, mais non un barrage infranchissable, sauf par une rupture violente dont il faudrait à tout prix éviter le renouvellement.

Ce sont les Anglais qui se sont opposés à la création d'une Rhénanie indépendante parce qu'ils estiment, comme toujours, qu'il est plus avantageux pour eux que le trop-plein allemand déborde vers le sud-ouest de la France plutôt que dans la « Mer Germaine » d'autrefois, devenue Mer du Nord, et qu'il est profitable pour eux que l'Allemagne n'ait ni flottes, ni colonies, ce en quoi ils se trompent. Ils se trompent non seulement parce qu'ils sont en opposition avec la théorie anticinétique, mais encore avec l'idée,

que je n'ai cessé de défendre depuis 1904, de la
nécessité de la création des *Etats-Unis d'Europe*,
sans laquelle la Société des Nations elle-même
ne saurait longtemps subsister.

Ce n'est pas du côté de l'Europe que l'Angleterre, suivant son vieux jeu, doit orienter le
front de sa formidable flotte de guerre, mais
bien vers l'Amérique qui convoite l'asservissement de l'Europe englobant nécessairement
celui de l'Angleterre et de ses dominions déjà
fort divisés, c'est-à-dire vers l'ouest, vers la
route que suivit jadis Christophe Colomb pour
l'invasion du Pays de l'Or, nouveau monde des
vieux Européens. Ce ne serait pas un recommencement de l'histoire, mais une suite naturelle de
son évolution... toujours à l'ouest, vers le soleil
couchant.

Tamaris-sur-Mer, 24 juillet 1926.

XI

C'est à Toulon, que fut pour la première fois exposée, dans ses grandes lignes, la théorie anti-cinétique du pacifisme scientifique et l'objet de ce dernier. L'Académie du Var, à laquelle j'avais fait quelques communications à ce sujet, voulut bien m'autoriser, quelques jours avant l'armistice, à faire une conférence publique de propagande sous son bienveillant patronage et sous la présidence de M. Gondoin, alors sous-préfet de Toulon. Suivant les uns, cette entreprise était imprudente; pour d'autres, dangereuse !

A ce moment, les esprits étaient fort divisés et très surexcités. Certain parti voulait à tout prix une paix immédiate, tandis que le parti adverse prêchait une résistance à outrance. Entre ces deux extrêmes, la masse était hésitante —

comme cela se voit aujourd'hui encore pour la
guerre économique qui a succédé à l'autre — et
c'était sur elle qu'il importait d'agir. Toute manifestation ou contremanifestation violente fut
heureusement évitée par la présence d'esprit et
le tact de M. Gondoin, qui sut placer la question sur le seul terrain de conciliation universel
qui soit au monde : celui de la Science. Ce fut
la meilleure démonstration que l'on pouvait faire
de cette vérité capitale, qu'on ne devrait jamais
perdre de vue. Pour ce motif et non par vanité,
je crois utile de reproduire textuellement l'allo-
cution du président Gondoin parce qu'elle
exprime mieux que je ne saurais le faire moi-
même, ma pensée.

« Mesdames, Messieurs,

« En vous remerciant d'avoir répondu en aussi
grand nombre à l'invitation de l'Académie du
Var, je tiens à vous déclarer, tout d'abord, que
la conférence que vous allez entendre n'est point
faite pour exciter les passions ni soulever les
polémiques parce qu'elle restera jusqu'au bout
dans le domaine scientifique. M. Raphaël Dubois, professeur de physiologie générale à l'Université de Lyon, directeur-fondateur du Laboratoire maritime de biologie de Tamaris-sur-Mer

et membre d'honneur de notre Académie, a bien voulu accepter de nous exposer ici quelques-unes des conclusions qui lui ont paru devoir être tirées de certains faits étudiés dans le calme et le recueillement du cabinet ou du laboratoire. Je l'en remercie bien sincèrement et je suis persuadé que vous l'écouterez avec le même calme, le même recueillement. La Science plane au dessus de toutes les querelles, de tous les événements humains, si considérables soient-ils. Cela n'empêche pas d'ailleurs le savant de conserver et d'affirmer à l'occasion sa foi patriotique : vous pourrez le constater tout à l'heure. Et comment M. Raphaël Dubois ne serait-il pas un ardent patriote, lui qui fut le collaborateur du grand Français Paul Bert ?

« Je remercie le vice-amiral Lacaze, ancien ministre dè la Marine, préfet maritime et gouverneur de Toulon, d'avoir bien voulu autoriser l'Académie du Var à placer cette conférence sous son haut patronage et je cède immédiatement la parole à M. le professeur Raphaël Dubois. »

En conséquence, je me suis efforcé de démontrer que l'on peut être pacifiste sans cesser d'être patriote. Puisque la lutte était engagée parce qu'on n'avait tenu aucun compte des prévisions et des avertissements de la Science, il fallait vaincre, et c'est pourquoi j'ai clos ma conférence en répétant l'immortel cri du révolutionnaire Danton quand la patrie fut déclarée en danger : « Français ! de l'audace, encore de l'audace et toujours de l'audace ! » Il n'y eut pas de protestations, mais des applaudissements unanimes et prolongés : j'avais été compris. Il n'en eût peut-être pas été de même si j'avais dit : « De la persévérance, encore de la persévérance, car c'est le seul moyen de vaincre l'élan anticinétique de l'adversaire, l'expérimentation physiologique l'a démontré ». Le sentiment était venu au secours du raisonnement, mais c'est un procédé infidèle, dont il faut toujours se méfier, comme je me suis appliqué à le faire comprendre au début de cette campagne en faveur du pacifisme scientifique.

La doctrine de ce dernier n'est nullement en contradiction avec le principe de légitime défense. L'extrême difficulté, le plus souvent, est de décider quand il y a défense et surtout si elle est « légitime », puisque le code des lois naturelles est à peine ébauché, surtout en sociologie. Il y a des empiriques célèbres, diplomates ou stratégistes, qui ont soutenu que l'attaque est la meilleure des défenses. On pourra dire, par exemple, que l'attaque est une des formes légitimes de la défense quand un peuple dont la population croît trop rapidement pour qu'il puisse la nourrir et qu'on l'empêche d'en évacuer *pacifiquement* le trop-plein, d'accroître son territoire par des colonies et de développer son commerce extérieur, bien qu'il n'eût fait que se conformer aux commandements de l'Eglise et à la parole du Sauveur : « Croissez et multipliez ! »

Quand donc comprendra-t-on que l'Humanité est un organisme comme le corps humain lui-même, que s'il y a anémie dans un organe et congestion dans un autre, il y a souffrance et danger, qu'il s'agisse de notre corps ou du monde entier, du défaut de libre circulation physiologique soit du capital humain, soit de l'autre ? L'équilibre économique mondial a été profondément modifié par la guerre, qui a été le corollaire d'ailleurs d'un déséquilibre nutritif antérieur, d'un vice de circulation. Actuellement, il y a pléthore d'or en Amérique, anémie en France et sur le continent européen. Il faudrait, au plus tôt, remédier à ce dangereux état de choses et ne pas attendre la fièvre, l'inflammation : la température de l'organisme mondial semble monter déjà assez vite; faudra-t-il en venir au procédé ancien de la saignée ? La dernière n'a pas donné de brillants résultats, bien au contraire. Elle a été la condamnation formelle de la thérapeutique empirique des diplomates et des politiciens; allons-nous recommencer ?

Par suite de la modification des climats et de la force anticinétique dans la période préhistorique, les végétaux se sont déplacés vers l'ouest. Un grand nombre de végétaux existant sur les rivages du pacifique américain se retrouvent sur le littoral asiatique, par exemple. Quand les végétaux émigrent, les herbivores les suivent et les hommes suivent les végétaux et les herbivores, c'est-à-dire leur nourriture. Si la vie devient trop difficile en Europe, il est vraisemblable que ses habitants n'auront d'autre ressource que d'émigrer vers l'ouest, soit pacifiquement, soit autrement. L'Amérique ayant accaparé l'or avec lequel on achète de la nourriture quand on en manque, il y a anémie à l'est et pléthore à l'ouest. Il faudrait sans retard rétablir l'équilibre économique rompu par la guerre. Mais le pacifisme scientifique n'est pas assez avancé pour décider des moyens à employer pour atteindre ce but. L'économie politique et les financiers malheureusement ne semblent pas plus experts (1).

On pourrait dire, cependant, que la grande

---

(1) On a parlé dans ces temps derniers d'une large diffusion prochaine de l'or américain en Europe.

circulation mondiale libératrice devrait comporter l'annulation de toutes les dettes internationales et la suppression du change par l'adoption d'une monnaie universelle qui devrait avoir cours partout comme les globules du sang dans nos divers organes. Ce serait le grand pardon financier, l'acte de contrition des principaux auteurs de guerre, la paix économique, dont l'autre dépend. Immolons le Veau d'or sur l'autel de l'Humanité !

Ce que l'on discerne clairement, c'est que les *Etats-Unis d'Europe*, dont je réclamais déjà la création en 1904, sont nécessaires, que le pouvoir de la Société des Nations et son existence même resteront précaires tant que ce résultat n'aura pas été atteint et qu'elle n'aura pas, ainsi que la Cour de la Haye, une gendarmerie internationale et un pouvoir exécutif pour faire respecter ses décisions. Quant à la valeur de ces dernières, elle sera toujours contestable tant que ses sentences seront basées sur le subjectivisme sentimental, national ou international, dans lesquels interviennent inévitablement des questions d'amour-propre, de rivalités économiques, ou autres, marquées souvent au sceau du particularisme le plus étroitement égoïste.

Enfin, comme je l'ai déjà dit dans ma conférence au Grand-Théâtre de Toulon : « les fleuves humains doivent suivre paisiblement leur cours, sans quoi il faudra renoncer à ce grand idéal philanthropique qu'est la Société des Nations et la liberté des peuples ; il faudra obtenir du Congrès de la paix la liberté absolue des mers, sans laquelle nous ne pourrons jamais en finir avec les hégémonies maritimes et terrestres. »

C'est par la mer que s'est faite la grande émigration pacifique de l'Europe vers l'Amérique; c'est par elle que doit s'effectuer la grande circulation mondiale, telle que le veut la Science, fidèle interprète du code des lois de la Nature. L'émigration pacifique, c'est la soupape de sûreté des peuples comprimés.

« Circulez ! Circulez ! pas d'attroupements ! » tel doit être le mot d'ordre de la police mondiale représentée par une flotte internationale : *qui tient la mer, tient la terre !*

Entre temps, il faudrait se hâter de créer, comme je n'ai cessé de le réclamer, des Ecoles de la Paix, ou, mieux encore, des Instituts scientifiques spéciaux pour l'édification du Code des lois naturelles, code mondial, sorte de traité de mécanique, d'énergétique sociale générale, de physiologie et de pathologie de l' « organisme humanité », comme cela se fait pour les individus ou organismes élémentaires qui en sont les parties constituantes. C'est le seul moyen d'aboutir à une thérapeutique rationnelle susceptible de remplacer avantageusement l'empirisme grossier de l'alchimie de l'actuelle diplomatie.

Il est malheureusement évident que ce n'est pas sur cette dernière que l'on doit compter pour favoriser la création d'Ecoles du Pacifisme scientifique, dont la méthode de travail serait précisément l'opposé de la sienne, comme l'a bien montré la partialité regrettable avec laquelle ont été distribués les prix fondés par de généreux philanthropes peu avertis. Il faudrait découvrir un homme ou des hommes nouveaux que ma faible lanterne ne me permet pas d'apercevoir...

Le Pacifisme scientifique doit s'appuyer non pas seulement sur l'histoire, souvent sujette à caution, mais principalement sur *l'histoire naturelle* de l'homme et du milieu qu'il habite, dont les rapports sont étroitement unis, milieu dont les limites se confondent avec celles de la Nature, c'est-à-dire de cette partie de l'Univers accessible à notre connaissance et dont les frontières reculent sans cesse grâce aux efforts des savants.

Dans ces rapports incessants entre l'Homme et la Nature, rien n'est livré au hasard et il existe des lois dont l'inobservance entraîne de terribles sanctions, dont la guerre n'est pas la moindre, qu'elle soit sanglante ou simplement économique. Le grand philosophe Spinoza n'a pas craint de dire : « La croyance à la liberté humaine provient de l'ignorance des causes qui nous font agir ».

Toutefois cette sentence a un caractère trop absolu qui pourrait faire croire que le déterminisme scientifique conduit au fatalisme, ce qui serait une erreur grave. Il ne nie pas la liberté humaine, mais il en restreint beaucoup l'étendue, singulièrement exagérée par les orgueilleux qui se prétendent créés à l'image de Dieu, alors que c'est plutôt le contraire qu'ils devraient dire (1).

----

(1) Ce qu'il y a de plus redoutable pour la création d'instituts de pacifisme scientifique c'est que la pensée qui m'a conduit à en concevoir l'organisation, soit travestie, dénaturée.

Déjà, il semble qu'elle ait servi de prétexte à des sinécures confiées à des intrigants sans titres et sans valeur scientifiques, alors qu'il aurait fallu constituer un ensemble rationnel, suivant les idées générales que je défends depuis si longtemps. L'arbre périra si chacun en arrache une branche pour ses besoins personnels.

Il est à craindre encore que l'on cherche à fausser intentionnellement ma conception du pacifisme scientifique, strictement scientifique et de son organisation purement technique dans un but de prosélytisme cultuel. Il ne pourrait sortir du mariage de la science internationale et démocratique avec le mysticisme religieux des théocraties qu'un hybride monstrueux et non viable.

Tamaris-sur-Mer, 15 août 1927.

XII

Devra-t-on désespérer de la Paix du Monde parce qu'un guerrier, si glorieux fût-il, aura prophétisé que dans 15 ou 20 ans, il y aurait une guerre générale à laquelle tous les peuples prendraient part ; que non seulement les hommes de tout âge, de toutes religions, de toutes races se massacreraient, mais encore que les femmes et les enfants auraient à jouer un rôle actif dans cette tuerie universelle où la mort serait conviée à faucher son blé en herbe (1).

Si une telle prophétie se réalisait, une guerre de cette nature serait certainement plus désas-

-----

(1) Prétendue interview du maréchal Foch par le correspondant du *Weeckly Dispatch*.

treuse que celle de 1914. Sur tous les points du globe couleraient des torrents de sang et il en tomberait des averses du ciel. On se battrait sur terre, sous terre, sur l'eau, dans l'eau. L'air serait empesté de poisons atroces et de microbes extra-virulents ; la lumière du soleil serait obscurcie par des nuées d'horribles machines volantes, plus effroyables que les reptiles ailés des temps géologiques, dont la race a disparu, comme semblerait vouloir le faire la race humaine. Le progrès n'aurait servi qu'à accentuer encore l'étrange inconséquence de cet animal fantasque qu'est l'homme, tout à tour assoiffé de sublime fraternité, de généreux altruisme et de férocité criminelle sans bornes, cultivant à la fois et avec autant d'amour dans ses Ecoles de guerre, l'art de blesser et de tuer que dans ses Ecoles de Santé militaires, celui de guérir ses victimes ?

Il semble que ces sinistres présages aient été pris en sérieuse considération d'après l'attitude du Parlement français au moment du vote récent de la réforme militaire. Comment en pourrait-il être autrement puisque les grandes puissances ne peuvent se mettre d'accord sur la question capitale du désarmement général et que certaines nations accentuent hâtivement, plus ou moins ouvertement, leurs moyens d'attaque ou de défense. Le canon tonne sans relâche dans le Céleste Empire, jadis si paisible. Déchiré aujourd'hui par la guerre civile, il est la proie convoitée par des nations avides et rivales, si l'on en juge par la poussée militaire formidable qu'il subit en ce moment et qui n'a pas son précédent dans l'histoire. D'après les informations de la presse, il existait déjà, il y a quelques semaines, 171 navires de guerre étrangers dans les eaux chinoises et des contingents militaires importants auraient été débarqués, tandis que d'autres étaient en préparation. La Grande-Bretagne était représentée par 76 navires de guerre, le Japon 48, les Etats-Unis 30, la France 10, l'Italie, l'Espagne, le Portugal et la Hollande chacun un.

Si l'on fait tourner un globe terrestre ou si l'on jette un regard sur une planisphère, on fait la remarque curieuse que toutes les nations en mouvement sont comprises entre le 30° et le 45° de latitude nord. Pour se transporter directement d'Europe ou des Etats-Unis, ou du Japon vers la Chine, il leur faudrait marcher de l'Est à l'Ouest. D'autre part, si les Chinois attirés par la Russie soviétique, qui compte déjà beaucoup de jaunes dans son armée rouge, voulaient s'avancer vers l'Europe comme au temps des invasions mongoles préhistoriques ou historiques et - turques, il leur faudrait également marcher de l'est à l'ouest.

Un semblable mouvement de migration circulaire serait bien l'inverse de celui de rotation de la terre sur elle-même ; mais de même sens que les grands courants magnétiques et électriques qui font que l'humanité vit à la surface d'un vaste électro-aimant, comme je l'ai précédemment établi. C'est bien certainement le pressentiment de ce déplacement possible en anticinèse des peuples d'Extrême-Orient vers l'Occident que l'on a exprimé par ce qu'on a appelé : « Le Péril Jaune ». L'ex-Kaiser actuellement émigré en Hollande, c'est-à-dire à l'ouest de son ancienne capitale, y attachait dit-on, une grande importance et considérait l'Allemagne comme le rempart tutélaire de l'Occident, comme elle le fut, avec la Pologne, au viii⁰ siècle, où les Mongols avaient étendu leur empire depuis la Chine jusqu'aux frontières de ces deux pays.

Les notions les plus récentes, comme les plus anciennes ne concourent-elles pas manifestement à établir le bien fondé de la théorie anticinétique exposée dans cet opuscule et qui montre la conduite que l'on doit tenir d'après le pacifisme scientifique pour assurer la paix du monde.

On peut rappeler encore que les Chinois se

sont emparés de la capitale du Turkestan et que Mustapha Kémal, après avoir chassé les Grecs d'Asie, vient d'être reçu en grande pompe à Constantinople où il n'était pas revenu depuis sept années. Ce voyage, dit-on, a pris aux yeux des Turcs, une « physionomie symbolique ».

La terre tremble un peu partout et l'Humanité en fait autant. Elle éprouve un malaise général comme il arrive chez les animaux aux périodes des mues. Il est bien évident pour tout le monde qu'elle traverse une phase critique de son évolution nationale, internationale, sociale, familiale même, et aussi philosophique et religieuse. Elle tend vers l'union par l'unification qui ne peut se faire que sur le terrain international par excellence, celui de la Science. Mais en attendant, il y a comme des soubresauts du Vieux Monde, par exemple des conflits sanglants entre bouddhistes et mahométans, fidèles de deux vieilles religions, mais qui comptent à elles seules plus de six cent millions d'adeptes, c'est-à-dire un nombre beaucoup plus considérable que celui des chrétiens modernisés qui, eux aussi, semblent vouloir s'agiter. Sous une forme, il est vrai, violente et sanglante, la Russie ressuscite les conceptions communistes des premiers chrétiens et tente de généraliser l'organisation des communautés religieuses en l'étendant aux laïques.

Qu'y a-t-il de surprenant à cela quand, pendant des siècles, les popes des Czars se sont évertués à ressasser à de pauvres moujiks — véritables damnés de la terre ceux-là, — que « les premiers seront les derniers, que les riches n'entreront pas facilement au Paradis, que les bourgeois juifs ou pharisiens étaient des sépulcres blanchis, propres au dehors et remplis de pourriture en dedans, que les scribes étaient des fonctionnaires corrompus et les prêtres israélites de misérables mercantis que le doux Jésus chassa du temple à coups de fouet ». Ils ont essayé de faire descendre le ciel sur la terre !

Que pouvait-il sortir de la démence mystique de l'entourage du dernier des papes orthodoxes et des orgies néroniennes où a été engloutie une bonne partie de l'épargne française pour le plus grand profit des banquiers rapaces, patriotards sans patrie, dont l'effigie de marbre se dresse parfois effrontément au coin des carrefours où ils avaient coutume de dévaliser leurs compatriotes.

Pendant ce temps-là, l'autre mystique qui proclamait qu'il ne craignait que Dieu, faisait sécher sa poudre et s'apprêtait à cuisiner le monde avec le sel de son terroir, dont je suis bien loin de mépriser la qualité, mais dont il faut user comme de la muscade, avec discrétion et discernement, pour ne pas rendre indésirables les meilleurs ragoûts.

A quoi bon insister sur ce que chacun sait ou ressent plus ou moins consciemment ?

Comment faire pour éviter le retour des horreurs dont on vient à peine de sortir et dont la lamentable séquelle nous obsède ? Faut-il continuer à danser à corps perdu, se livrer aux sports les plus violents pour endormir le cerveau en fatigant le corps ? ou bien encore demander aux poisons sociaux : l'alcool, le tabac, l'opium, la morphine, la cocaïne, etc., l'oubli du passé et l'indifférence pour le présent et pour l'avenir ?

La prière ? On ne croit plus à son efficacité depuis que la voix généreuse d'un pape pacifiste a été étouffée par la politique !

Nous avons bien la Société des Nations, mais elle paraît à beaucoup dépourvue de cette armature nouvelle, reconnue indispensable par l'Office international de législation étrangère et de droit international : c'est le vieux jeu qui continue, fait de roueries diplomatiques et de marchandages politiques. Dans ce temple babélien de subjectivisme particulariste, on entend, on fait de beaux discours ; mais, comme a dit Molière : « on vit de bonne soupe et non de beau langage ». Ce qui peut n'être pas exact, car il y a des gens qui vivent des deux à la fois ! Malgré tout, cela vaut mieux que rien, car ce n'est pas une raison parce que la médecine n'est pas encore une science, pour se priver du médecin et avoir recours aux sorciers et aux faiseurs de miracles.

Nous avons bien encore le Tribunal de La Haye qui rend des jugements d'après un droit international qui n'existe pas, mais il est dépourvu d'un pouvoir exécutif indispensable pour faire respecter ses arrêts arbitraires.

Consulté sur le moyen d'assurer la paix, le prophète de la grande tuerie mondiale aurait recommandé, dit-on, l'entente cordiale. Mais c'est une alliance bâtarde et bâtardes ou non, les alliances ne peuvent être considérées que comme des prodromes de guerres et le temps de paix n'est plus alors que la période silencieuse de l'incubation qui prépare et précède l'explosion du mal. La cruelle leçon de 1914 ne suffirait-elle pas à nous mettre en garde contre les triplices, les duplices et surtout contre la duplicité et la faillibilité des contractants. Une fois de plus la France a joué un rôle de dupe : c'est une habitude qu'elle devrait bien s'appliquer à perdre. Celle qui porte dans les plis en lambeaux de son glorieux drapeau la belle devise : liberté, égalité, fraternité, doit repousser toute vassalité, garder son indépendance absolue et ne poursuivre d'autre entente cordiale que celle de ses enfants et de toutes les nations sans distinction.

On peut se demander sur quoi repose la sinistre prophétie d'une guerre mondiale vers 1945. Il ne semble pas qu'il s'agisse de révélations, d'inspirations mystiques, ce qui ne veut pas dire que les guerriers heureux ne soient pas parfois des illuminés, comme Constantin ou encore comme notre glorieuse héroïne nationale Jeanne d'Arc, qui entendait des voix et recevait des ordres de l'archange saint Michel, chef de la MILICE CELESTE ! Elle paraît plutôt tirée de certaines analogies avec l'évolution de la dernière guerre, à moins qu'il ne s'agisse d'une notion, vague encore, de la périodicité des grands phénomènes cosmiques, dont on commence à admettre l'intime et étroite liaison avec les phénomènes sociaux tels que les crises économiques et les guerres.

Tout se tient, tout s'enchaîne dans la nature. La périodicité des crises du délire cyclique de la criminalité générale ou « bellonite » a été depuis longtemps établie par le capitaine Brück (1).

Toutefois la date moyenne de 1945 ne s'accorde pas avec le rythme des attaques de la grande névrose collective. D'ailleurs y eut-il

______

(1) V. page 46.

coïncidence parfaite que cela ne prouverait nullement qu'il y aura fatalement une guerre mondiale, dans 15 ou 20 ans.

La notion fournie par le déterminisme scientifique n'implique nullement le fatalisme inéluc-
table des événements. On ne peut pas changer
les lois de la nature, cela est certain ; ni lutter
contre elles sans dangers ; on ne les domestique
pas; mais quand on les connaît, on peut s'en
servir utilement en leur obéissant. Toute la
Science est là et à cela se borne la liberté humaine ; mais en précisant les limites de son domaine, tout en le réduisant, la Science a doté
l'Humanité du plus grand des bienfaits. L'homme qui sait que la foudre tombe de préférence
sur les arbres, ne va pas, en temps d'orage, y
chercher un refuge. Il n'empêchera pas l'orage,
mais s'il a, par surcroît de précaution, mis un
paratonnerre sur sa maison, il aura restreint
sinon complètement conjuré le danger; n'est-
ce pas quelque chose ?

La *carte des tempêtes* ne fournit pas au navigateur le moyen de maîtriser l'ouragan ; mais
en lui faisant prévoir son arrivée, en lui indi-
quant le sens de sa marche, elle lui permet de
fuir à temps et d'esquiver une lutte inégale.
Pourquoi n'en serait-il pas de même pour les

tempêtes humaine, comme je crois l'avoir, clairement établi dans ces lettres ?

Il est bien évident qu'il faudrait renoncer à codifier les lois de la Nature si elles pouvaient d'un moment à l'autre être arbitrairement changées par une puissance surnaturelle, ce qui est pour certains esprits un article de Foi. Le moment est critique : il faut opter entre la Foi qui repose sur des dogmes immuables et la Science qui ne progresse que par le Doute. Cela ne veut pas dire qu'il n'en puisse sortir une croyance plus grandiose, plus belle, plus consolante et surtout plus conforme à l'intellection supérieure que l'obscurantisme mystique exploité par les vieilles théocraties. Ce sera la grande lumière de la future démocratie mondiale. Point n'est besoin d'un béhaïsme oriental synthétique composé de la prétendue quintessence spirituelle commune à toutes les religions passées ou présentes.. Le néo-monisme qu'est le protéonisme, improprement appelé « énergétique » répond au besoin inné chez l'Homme d'un Idéal suprême qui ne peut être universel qu'à la condition d'être scientifique (1).

Je vous le dis en vérité, il faut se tourner réso-

----

(1) Voir : *La naissance et l'évolution du protéonisme,* par Raphaël Dubois (sous presse).

lument vers la Science, renoncer sans retard à
tout subjectivisme intellectuel et incohérent
pour ne s'attacher qu'aux notions objectives démontrées ou démontrables ; en un mot faire du
pacifisme scientifique énergique, actif, coor-
donné : assez de pacifisme bêlant !

« Devant la science *aujourd'hui*, tous les peuples civilisés s'inclinent avec respect parce qu'ils
pressentent qu'elle sera un jour la religion universelle si l'on entend par le mot religion pris
dans son sens purement etymologique, ce qui
rallie, rattache, rapproche, tous les hommes entre eux. Elle est le terrain de conciliation par
excellence et deviendra un jour le *champ de repos*, le tombeau de toutes les passions adverses
qui déchirent l'Humanité, quand toutes seront
mortes, de leur aveugle fanatisme d'excommu-
nication réciproque.

Alors seulement on pourra célébrer l'avè-
ncment de la solidarité et de la fraternité universelle (1) ».

---

(1) Discours du professeur Raphaël Dubois, à la rentrée
solennelle des Facultés de l'Université de Lyon, 3 novembre
1904.

Tamaris-sur-Mer, 5 septembre 1927.

XIII

Sans doute le Pacifisme Scientifique est encore peu avancé. Il le serait bien davantage si l'on avait suivi mes pressantes exhortations d'il y a un quart de siècle en fondant des Instituts pacifistes. J'ai prêché dans le désert ou à peu près. Ce n'était pas le moment psychologique. Mais peut-être qu'assagis par des malheurs sans nom qu'ils auraient pu éviter, mes contemporains, qui ont donné tant de millions pour combattre la rage canine dont le nombre des victimes était insignifiant, finiront-ils par comprendre que la rage guerrière . peut, comme d'autres fléaux, être victorieusement combattue par la méthode scientifique et il se trouvera peut-être un jour quelque mécène jaloux d'attacher son nom à cette œuvre nouvelle.

En attendant mettons à profit ce que nous apprend l'observation, l'expérimentation et le raisonnement.

Chez les peuples comme chez les individus qui les composent, il faut éviter les « coups de sang ». Il ne faut pas que les sujets congestionnés ou pléthoriques soient exposés à ce que leurs cerveaux ou leurs vaisseaux puissent : « exploser »; ils seront soulagés en se prêtant de bonne grâce à la transfusion du sang qui est indiquée pour les anémiés par une forte hémorragie. N'était-ce pas le cas de la France quand j'ai préconisé les bienfaits de l'émigration et de l'immigration pacifiques pratiquées judicieusement avec des matériaux assimilables puisés aux sources indiquées nettement par ma théorie anticinétique ? N'avons-nous pas fait une bonne opération en adoptant récemment quarante cinq mille émigrants ? C'est un remède à notre dépopulation inquiétante, autrement efficace que la touchante, mais bien naïve prime offerte aux familles nombreuses. La repopulation si nécessaire également pour nos colonies en particulier, serait considérablement accrue encore par l'allaitement maternel obligatoire. C'est une honte de constater que les femmes élèvent moins bien leurs petits que les bêtes et que pour ce motif des milliers d'enfants meurent chaque année ou encombrent la société de malheureux dont la mort eut été préférable même pour eux.

Chose étrange, ce ne sont pas ceux-là que la guerre détruit, mais de préférence les sujets de choix arrivés à l'âge adulte. Que penser de la raison humaine ?

Dans la loi sur l'immigration on n'a pas tenu compte des indications de la théorie anticinétique. Heureusement que Dame Nature a suppléé à la carence de nos législateurs qui ont pourtant, comme chacun le sait, la Science infuse. Sur les quarante-cinq mille étrangers assimilés, il y a 14.424 Italiens, de nombreux Polonais et les autres viennent presque tous également de l'est. Ils se sont par conséquent déplacés en anticinèse. Une infime minorité seulement nous est venue de l'ouest, soit d'Angleterre ou d'Amérique.

Les jaunes que nous avions amenés d'Extrême Orient sont allés rejoindre dans nos colonies d'Indo-Chine les Français d'avant-garde qui s'y sont établis. Ils y attendront le moment où ils prendront en anticinèse le chemin de l'Occident, paisiblement, nous le souhaitons, comme firent probablement les Mongoloïdes dont on trouve les squelettes préhistoriques en Gascogne. Nos légions de l'Afrique du Nord sont presque complètement rentrées dans leurs foyers et le peu d'Arabes qui sont restés ne semble guère assimilable.

L'armée noire a été rembarquée presque totalement dans nos ports de l'ouest par où ils étaient arrivés comme les Américains, les Anglais et autres habitants de notre occident. Ainsi donc de tous ces éléments dérivés de leur cours naturel par la violente poussée inflammatoire des bords du Rhin, il n'est à peu près rien resté.

Si l'invasion brusque, brutale, sanglante, peut être mortelle .pour un peuple, il n'en est pas de même de l'émigration pacifique. Le mélange bien dosé, surveillé, sélecté des races, est un moyen de rajeunissement et même de performance comme les Etats-Unis nous en ont fourni un bel exemple, sans que le caractère national soit exposé à perdre sa suprématie. Telle une substance toxique qui, à dose massive peut être foudroyante, et à petites doses répétées devenir un médicament héroïque et même un préservatif, un véritable vaccin par mithridatisme.

Il semble bien que la quantité considérable d'Italiens installés dans le sud de la France, n'ait pas été sans effet sur l'abandon de la triplice par l'Italie en 1914.

Il est bien remarquable que l'émigration pacifique d'éléments assimilables se soit faite précisément dans le sens des grandes migrations massives des peuples venus d'Orient en Europe. A ce propos, je crois que les médecins des nations devraient bien s'inspirer des principes des disciples d'Hippocrate qui croient à *Natura medicatrix* et estiment avec raison qu'il faut aider la Nature au lieu de la combattre. Dans une fièvre éruptive, on doit favoriser l'éruption en régularisant son évolution naturelle, tandis qu'en l'arrêtant, on tue le malade. En cas de guerre, c'est l'Humanité tout entière qui est en danger, car c'est aussi un organisme dont aucune partie ne saurait être infestée sans que le reste s'en ressente plus ou moins. Il est à remarquer qu'avant de se généraliser, l'infection a un foyer localisé.

Le foyer de la future guerre mondiale prophétisée serait le même que celui de la guerre de 1914 qui faillit aussi devenir mondiale. Depuis des siècles, la *bellonite* est endémique sur les bords du Rhin comme le choléra sur les bords du Gange. Il faut se hâter de faire l'effort d'assainissement nécessaire sur ce que Brück appelait *Champ de sang* où le flux et le reflux des Celtes et des Germains gronde sans cesse.

Sans la paix européenne il n'y a pas de paix mondiale possible. C'est pour ce motif que je disais en 1904 en réclamant la création d'Ecoles de la Paix (1) :

____

(1) Voir *loc. cit.*, p. 134

« Le Rhin ne doit pas être le barrage derrière lequel grandit peu à peu la poussée anticinétique jusqu'au moment de la rupture sanglante qui s'opère d'ordinaire vers le sud-est. Il faut cesser de considérer ce fleuve comme une frontière. Les fleuves, a-t-on dit, sont des chemins qui marchent. Le Rhin est la grande artère qui doit relier la Mer du Nord à la Méditerranée et pour la paix du Monde, il doit être neutralisé et protégé, internationalisé.

Comment le serait-il plus heureusement qu'en l'enclavant dans une zone neutre germano-celtique, placée sous la protection de la Paneurope ou de la Société des Nations réorganisée scientifiquement, techniquement. Ce ne sont plus des forteresses qu'il faut bâtir sur le Rhin, comme aux temps anciens : ce sont des ponts, des ports, des gares, des marchés, des écoles bilingues où s'échangeront, en même temps que des marchandises, des idées, au lieu de mitraille, d'obus et de gaz asphyxiants.

Cette république germano-celtique relierait la République Helvétique aux Pays-Bas. Sur les deux rives du Rhin vivraient heureuses, des populations exemptes des préoccupations belliqueuses, n'ayant pour toute armée qu'une gendarmerie internationale, une légion étrangère chargée de la police et dépendant de la Société

des Nations ou de la Cour de la Haye. Ce serait
le terrain de réconciliation des Celtes et des Germains comme je l'ai expliqué dans ma conférence sur la Paix par la Science et le Protectorat
rhénan. (¹)

Mais il ne doit plus s'agir aujourd'hui d'un
protectorat français ou allemand, ou même
franco-allemand. La République rhénane serait
le noyau de Paneurope, l'embryon des Etats-
Unis d'Europe, précurseurs de ceux du monde.
L'essai loyal d'une entente cordiale entre l'Allemagne et la France s'impose, mais il ne saurait
s'agir d'une alliance bâtarde et précaire comme
celle que nous avions conclue avec l'Angleterre
avant 1914.

Il doit d'ailleurs être bien entendu que, dans
notre esprit, les populations riveraines du Rhin
devront avoir été *honnêtement* consultées sur
l'opportunité d'une semblable mesure et sur
l'organisation pacifiste à donner à cette zone
neutre, née d'un désir commun de réconciliation
de la France et de l'Allemagne, et de la ferme et
sincère volonté de mettre un terme aux erreurs
du passé en faveur de la Paix mondiale.

Les populations des deux rives du Rhin jouie-
raient enfin de l'autonomie qui leur est chère,

____

(1) *Loc. cit.*, p. 154

comme l'a démontré si bien la tentative des séparatistes rhénans. Elle aurait pu aboutir sans l'opposition de l'Angleterre, restée fidèle à sa vieille et détestable politique d'opposition des grandes puissances européennes : diviser pour régner ! Il faudra bien qu'elle se fasse à l'idée des Etats-Unis d'Europe si elle ne veut pas un jour les avoir tous contre elle : qu'elle regarde vers l'ouest si bon lui semble et veuille bien cesser de régenter le Continent.

La France ne veut être la vassale d'aucune puissance, même par persuasion. Je n'hésite pas à répéter ce que j'écrivais en 1916. (¹)

« Il est nécessaire dès maintenant de se mettre
« en garde contre les combinaisons qui, *après la*
« *crise terrible que nous traversons*, pourraient
« en préparer de semblables pour l'avenir.

« Les nations sincèrement pacifiques qui en-
« tendent vivre librement de leur travail et de
« relations commerciales honnêtes, doivent sans
« retard se liguer contre celles qui veulent vivre,
« s'accroître, prospérer, par l'asservissement des
« autres, par le brigandage, le pillage ou sim-
« plement par l'accaparement économique pré-

---

(1) *Les origines naturelles de la guerre, influences cosmiques et théorie anticinétique.* — La Paix par la Science, chez GEORG, libraire-éditeur à Lyon.

« paré au moyen de la force ou de la ruse, d'où
« qu'il vienne. »

Bien avant cette époque, en 1904, n'avais-je
pas déjà écrit, à propos de la création d'Instituts pacifiques scientifiques : « dans ces retraites
« plus tranquilles, plus favorables au travail
« que l'atmosphère agitée de nos grandes assem-
« blées, on pourrait préparer de bien belles
« choses, par exemple les Etats-Unis d'Eu-
« rope (1) ».

Ma conception d'Etats-Unis d'Europe fit, sur
le parti nationaliste et ses satellites bien pen-
sants, très puissants à cette époque, non pas
l'effet d'une simple utopie, mais d'une sorte de
sacrilège, de crime de lèse-patrie ! Je fus dure-
ment traité dans la presse cléricale lyonnaise.
Aussi n'est-ce pas sans une certaine mélancolie
que j'ai lu vingt-deux ans plus tard, le discours
que prononça Monseigneur Seipel, chancelier
autrichien en ouvrant le Congrès Paneuropéen à
Vienne, le 2 octobre 1926. : La tâche de l'Union
Paneuropa, a-t-il dit, est de vaincre le pessi-
misme et de répandre la conviction que l'Union
économique et politique de l'Europe est possible. »

Après quoi, M. Loebe, Président du Reischstag

---

(1) *Loc. cit.*, page 134.

s'est élevé contre le scepticisme qui accompagne toujours la naissance des grandes vérités. Il a rappelé que MM. Briand et Stresemann ont fait récemment des choses que, il y a quelques années, ils auraient eux-mêmes considérées comme des utopies. On ne pouvait mieux dire !

Si je rappelle ces revirements, ce n'est pas par vanité mais seulement pour montrer combien est précaire, instable, toute opinion qui ne repose pas sur le déterminisme objectif, mais sur la sentimentalité subjective capricieuse, fluctuante, incohérente et parfois singulièrement fantasque des collectivités. N'est-il pas affligeant, par exemple, de songer qu'à Waterloo nous avions en face de nous les Anglais alliés aux Prussiens et aux Belges et qu'en Crimée nous étions les alliés des Anglais et des Turcs contre les Russes ! On pourrait multiplier ces sautes déconcertantes de la girouette diplomatique. C'est sans doute ce qui a fait dire à Balzac : « Diplomatie, science de ceux qui n'en ont aucune et qui sont profonds comme le vide. » Les hommes de la Carrière sont souvent de brillants rhéteurs, mais ils sont, en effet, généralement dépourvus de culture scientifique. Pourtant elle semble s'imposer de plus en plus si nous voulons arriver à nous entendre avec l'Allemagne, si l'on en juge par les paroles attribuées à M. Braun, Président du Conseil de Prusse :

« Selon moi, entre les intérêts bien compris
« des peuples, il n'est pas de conflit qui ne
« puisse être réglé par d'autres moyens que par
« la guerre, ce procédé barbare. Ceci s'applique
« tout spécialement à l'Allemagne et à la France.
« Dernièrement on s'est plu à souligner que les
« intérêts matériels des deux peuples se complé-
« taient heureusement. Un rapprochement des
« esprits ne sera pas non plus impossible si l'on
« y met de la bonne volonté et si, des deux
« côtés, on ne craint pas d'extirper de vieilles
« erreurs.

« La France et l'Allemagne postées l'une
« près de l'autre, au cœur du Vieux Monde civi-
« lisé, peuvent assurer définitivement la Paix
« de l'Europe si elles font une politique de rap-
« prochement, de réconciliation. L'*Epoque his-*
« *torique à laquelle elles se déchiraient récipro-*
« *quement de siècle en siècle et presque de dé-*
« *cade en décade, doit être close à tout jamais.* »

Qu'on ne s'y trompe point, sur les deux rives du Rhin les populations sont pacifistes et ce à quoi elles tiennent *par dessus tout* c'est qu'on ne vienne pas se battre chez elles ni pour elles. Il faut à tout prix qu'elles cessent d'être l'enjeu des parties qui depuis des siècles se jouent périodiquement entre Germains et Celtes par suite des poussées anticinétiques dont l'étiage monte peu à peu dans les périodes de calme cosmique pour rompre brutalement ces barrages artificiels que sont les frontières politiques au moment d'apogées cycliques coïncidant, comme cela est démontré aujourd'hui, avec des modifications périodiques et d'ordre cosmique, tels que maxima des taches solaires, des oscillations magnéto-électriques telluriques, aurores boréales de plus belle venue et autres phénomènes improprement dénommés perturbations, alors qu'elles sont dans l'ordre régulier des choses.

Si la loi de l'anticinèse est respectée, la France ne servira plus d'arrière-garde protectrice aux Germains de l'ouest contre ceux de l'est et la Belgique cessera d'être une forteresse continentale anglaise. Nous ne devons plus être écrasés entre l'enclume et le marteau. Les hommes doivent pouvoir suivre leur route naturelle librement, posément, *pacifiquement*, méfions-nous des manifestations belliqueuses, même rétrospectives.

Ce n'est point une raison parce que les aliénés poussent des clameurs à l'approche des orages, que les écoliers s'agitent ou sont déprimés suivant que le baromètre monte ou descend et que les ménages sensibilisés se querellent davantage par les grands vents pour prendre toutes ces manifestations au tragique ; il faut, connaissant l'origine de ces influences qu'on ne peut supprimer, en atténuer autant que possible les effets. Il doit en être de même pour les exacerbations périodiques des poussées anticinétiques des mouvements de migration des peuples. C'est une loi de nature qu'on ne changera pas, pas plus que celle qui veut que les fleuves se dirigent vers la mer. Mais pour éviter les inondations sanglantes ou autres, on peut créer des débouchés ou s'appliquer à parfaire ceux que la nature a créés insuffisants.

Dans notre esprit, la République Rhénane doit être non pas un barrage imperméable, mais un filtre ethnique modérateur et régularisateur des migrations d'est en ouest, compatibles avec la sécurité de la France et celle de l'Allemagne et conséquemment avec celle de l'Europe et celle du Monde, qui en dépendent.

Toutefois le sens principal de la poussée anticinétique n'est pas vers le sud-ouest mais bien vers l'ouest directement. Il faudra donc surtout donner à l'Allemagne toutes les facilités possibles pour qu'elle puisse écouler vers la mer Germaine, aujourd'hui mer du Nord, son excès de marchandises ou de population, ce dernier d'ailleurs est en régression depuis la guerre. Mais ayons le courage de le dire, c'est une faute grossière que de lui avoir enlevé ses colonies et supprimé sa flotte marchande d'avant guerre, préoccupation mercantile, d'ailleurs parfaitement inutile, comme le prouve la prospérité croissante de nos voisins de l'Est et l'état économique de plus en plus critique de leur concurrent germain de l'ouest qui n'arrive à nourrir sa population que par les artifices du change qui lui permettent de vivre en parasite, chez ses amis. Ce lamentable résultat de la guerre ne résisterait pas à la création d'une monnaie universelle.

On pourrait peut-être faire d'abord l'essai d'une monnaie paneuropéenne qui serait pour commencer celle de la République Rhénane. Une fois d'accord sur la préalable et capitale question de la création de cette dernière, la France pourra délibérer amicalement avec l'Allemagne au sujet de l'attitude à prendre vis-à-vis de la Russie ([1]) et rechercher en particulier s'il n'y a pas quelque rapport entre sa révolution et ce qui se passe en Chine et dans les Indes où gronde en ce moment l'orage, dont il serait

---

([1]) On annonce d'Helsingfors, le 4 septembre, que les Soviets mobilisent 700.000 hommes pour des manœuvres considérables prétendues défensives.

utile de déterminer la marche pour l'établissement de la carte des tempêtes humaines.

En tous cas, il serait grotesque de se battre parce que le soleil ou la lune auront dérangé les combinaisons éphémères de la politique. Les économistes, plus scientifiques, ont déjà reconnu la périodicité des crises financières et leurs rapports avec les grands phénomènes cosmiques, de même que les légistes et les médecins n'ignorent pas l'influence des saisons sur la criminalité et sur la maladie.

Dans les dernières leçons que j'ai professées à l'Université de Lyon, je me suis appliqué à montrer l'importance *des influences du milieu cosmique sur les manifestations des êtres vivants*, d'où sortira prochainement un *Essai* de mécanique biologique et sociologique. On y verra entre autres notions utiles qu'il faut, par des moyens appropriés, déterminés ou déterminables, assurer la circulation physiologique de la vie autour du globe, afin qu'aucune nation ne soit exposée à... exploser.

La population du globe a doublé depuis un siècle, mais ses moyens de production ont été centuplés. En outre, vers l'ouest, il existe encore, au Brésil, par exemple, d'immenses territoires inexploités : on a supputé que la terre pouvait nourrir facilement quatre fois plus d'habitants.

D'ailleurs, en cas de danger de surpopulation générale, la Science fournirait facilement des moyens d'y remédier infiniment préférables à ceux qui consistent à faire exterminer ce que l'Humanité a de plus beau, de plus précieux, la fleur de la jeunesse, par le fer, le feu, les poisons.

Elle ne rendra peut-être pas les hommes moins pervers, mais en développant leur intellection, elle leur fera comprendre que la véritable morale consiste dans l'*égoaltruisme*, qu'on ne saurait faire du mal à autrui sans en faire à soi-même et qu'en collaborant au bien-être général, on travaille à son propre bonheur.

L'égoaltruiste sentira que si les savants pâlissent au fond de leurs laboratoires, c'est pour chercher des remèdes aux fléaux qui désolent le monde et que leurs découvertes ne doivent pas servir à de stupides antipacifistes pour commettre plus sûrement leurs crimes contre les choses et les personnes ; que c'est salir la Science et la faire maudire alors qu'elle est la seule planche de salut qui reste actuellement à l'Humanité anxieuse et hésitante.

Ce serait aussi un crime pour le savant qui, convaincu d'avoir acquis une vérité scientifique, la cacherait par crainte de la sottise de ses contemporains (¹).

La théorie objective, positive du Pacifisme scientifique est donc absolument différente de l'empirisme subjectif, fantasque, *babélien* des associations internationales, dont les éléments hétérogènes ne sont tenus à aucune culture scientifique, à aucune connaissance technique, même élémentaire en biologie, dont la sociologie est la branche la plus élevée. Les membres de ces groupements fantaisistes devraient être élus au concours après contrôle sévère de leurs capacités : les chamarrures étincelantes n'éblouissent plus que les sauvages... de plus en plus clairsemés.

Il faut *sans retard* opter entre les vieilles méthodes verbeuses dont on connaît les tristes résultats et la culture technique dont les conquêtes merveilleuses étonnent chaque jour davantage le Monde.

A ce propos, je dirai qu'on ne saurait trop méditer ces paroles attribuées à M. Braun, Président du Conseil de Prusse :

« Nous vivons dans un siècle que nous nom-
« mons avec fierté celui de la Science. Nous vou-
« lons qu'il soit en même temps un siècle de cul-

____

(1) Voir les *Origines naturelles de la Conflagration européenne* (*in* La Science et la Vie, n° du 27 juillet 1916).

« ture. Mais tous les discours sur la culture et
« sur l'humanité civilisée ne seront que phrases
« et mensonges aussi longtemps qu'il y aura des
« chances de guerre et des préparatifs pour les
« explications sanglantes. Nous devons faire en
« sorte chez nos deux peuples (Allemagne et
« France) que la Science ne se retourne pas
« contre les inventeurs sous forme d'armes ter-
« ribles et de moyens de destruction. »

La loi naturelle de l'évolution pousse partout
l'espèce humaine vers l'union par l'unification :
elle peut encore choisir entre la violence sanglante et la fraternité égoaltruiste, mais qu'elle
ne tarde point à opter entre le subjectivisme et l'objectivisme, entre le sentiment et le raisonnement.

Celtes et Germains courbez devant la Science
vos fronts altiers, meurtris de sinistres cicatrices
encore rougissantes. La plus glorieuse des victoires sera celle que vous remporterez sur votre
vanité : guerre à la guerre ! Vous pouvez en cet
instant critique atteindre une apogée morale jusqu'alors inconnue et montrer ce que peut de grandiose la culture de la Vie opposée à celle de la Mort !

Ainsi vous aurez fait œuvre divine :

Homicide point ne seras
de fait ni volontairement.

BIBLIOGRAPHIE

DES TRAVAUX DE L'AUTEUR
RELATIFS AU PACIFISME SCIENTIFIQUE

1904　*La Création de l'Etre vivant et les lois naturelles;* discours inaugural de la séance solennelle de rentrée des Facultés de l'Université de Lyon, *in* Bulletin de la Société des Amis de l'Université de Lyon, décembre 1904.

1905　*La Paix par la Science : in* La Paix par le Droit, juillet n° 7, Nîmes.

1906　*La Paix par la Science : in* Lyon Universitaire, 9 et 16 novembre.

1915　*L'anticinèse rotatoire :* C. R. de la Soc. de biologie 20 nov. 1915, LXXVIII, page 617.

1915　*L'anticirèse rotatoire et les migrations des êtres vivants.* Annales de la Soc. Linéenne de Lyon nouvelle série, T. LXII, publié en 1916.

1916　*L'anticinèse rotatoire et les Sociétés animales,* C. R. de la Soc. de Biol., 8 janvier, LXXIX, p. 2.

1916　*Les origines naturelles de la conflagration européenne.* La Science et la Vie, juillet, Paris.

1914　*Conférence à l'Assemblée générale de la Paix par le Droit,* 31 mai : V. compte rendu dans la Paix par le Droit, 10-25 juillet 1914.

1914   *Nécessité et urgence de la création d'instituts pour l'étude par la méthode scientifique des questions relatives au pacifisme.* Congrès du Havre de l'Association pour l'avancement des sciences, Paris.

1918   *Sur la biocinèse*: C. R. de la Soc. de Biologie, 27 avril.

1918   *La Paix par la Science et le Protectorat rhénan* : Bulletin de l'Académie du Var.

1918   *Les origines naturelles de la guerre*: L'idée libre.

1923   *L'anticinèse giratoire* : La Nature, 23 juin.

1925   *Hygiène des nations. La physiologie et la pathologie de la paix* : Revue Moderne de Médecine et de Chirurgie, février, Paris, et « Passe-Partout », 25 décembre, Toulon.

1926   *Les migrations humaines d'après la préhistoire et la théorie de l'anticinèse giratoire* : Communication à l'Académie du Var, Toulon.

Imp. « Les Presses Modernes ». — Paris Troyes-Bar-le-Duc. 11-1927.